양산서원 전경

양산서원 현판

숭덕사(양산서원 묘우) 전경

숭덕사 현판

오선생 위패

일성문(내삼문) 현판

양산서원 읍청루

읍청루 현판

양산서원 강당

강당에서 바라본 읍청루

양산서원 장판각 옛터 표석

휘찬여사(목재 홍여하 찬) 목판
(경북 유형문화재 제251호,
유네스코 세계기록유산 등재,
한국국학진흥원에 기탁 보관 중)

양산서원 강당 중창기

양산서원 강당 중건 상량문(이상발)

양산서원 강당 중건기(홍택하)

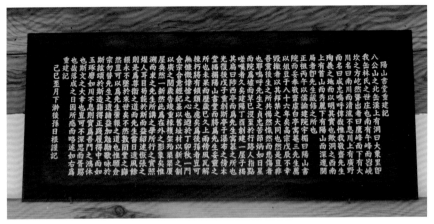

양산서당 중건기(홍일근)

양산서원 복원기(조동걸)

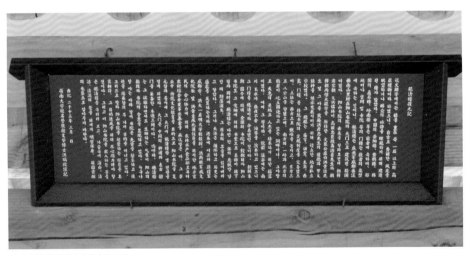

양산서원 읍청루 복원기(홍우흠)

구인재

구인재 현판

입나재 현판

입나재

척서정

경재선생(홍로) 묘소

경재선생 묘비(채제공 찬)

경재선생 묘비(심재완 역)

경재선생 불천위사당

경절당(경재선생 종택) 전경

허백정선생(홍귀달) 묘소

허백정선생 신도비(경북 유형문화재 제122호)

대재
(허백정선생 묘하재)

허백정선생 불천위사당

애경당(허백정선생 종택) 입구

우암선생(홍언충) 묘소와 지만사비

청산재 편액

청산재(우암선생 묘하재)

목재선생(홍여하) 묘소

산택재(목재선생 재실)

수헌선생(홍택하, 불천위) 묘소

陽山書院誌

양산서원지陽山書院誌

주관   양산서원
역편   홍원식
펴낸이   오정혜
펴낸곳   예문서원

인쇄 및 제책 주) 상지사 P&B

초판 1쇄   2016년 10월 31일

주   소   서울시 성북구 안암로 9길 13
출판등록   1993년 1월 7일 (제307-2010-51호)
전화번호   02-925-5913~4 / 팩시밀리 02-929-2285
Homepage   http://www.yemoon.com
E-mail   yemoonsw@empas.com

ISBN 978-89-7646-357-9 03990

YEMOONSEOWON 13, Anam-ro 9-gil, Seongbuk-Gu Seoul KOREA 136-074
Tel) 02-925-5913~4, Fax) 02-929-2285

값 25,000원

양산서원지

홍원식 역편

예문서원

간행사

　『양상서원지陽山書院誌』를 간행하면서　먼저 이 서원의 내력에 대해 간략히 설명하고자 합니다.

　이 양상서원은 고려 말기의 충신 경재敬齋 홍로洪魯 선생을 주벽主壁으로 모신 서원입니다. 홍로 선생은 부림홍씨缶林洪氏로 1366년(공민왕 16) 지금의 한밤마을(大栗里)에서 태어나 문과에 급제하여 공양왕조에 문하사인門下舍人으로 봉직하셨던 어른입니다. 당시는 고려의 국운이 이미 쇠퇴하고 이성계 일파의 신왕조 건립의 야욕이 노골화되던 때였습니다. 선생은 목은牧隱 이색李穡, 포은圃隱 정몽주鄭夢周 등 충절의 인사들을 받들고 고려왕실의 지속을 간절히 원했으나 포은이 선죽교에서 순절하자 그날로 곡기穀氣를 끊고 13일 만에 향년 27세로 순절하셨습니다.

　충신은 두 왕조를 섬기지 아니한다 하거니와, 섬기던 왕조의 종말과 더불어 자진순절自盡殉節한 충절은 역사에 드문 일입니다. 경재 홍로 선생이 바로 그 충절의 인물이었습니다. 선생의 이 놀라운 충절을 기려 지방 사림이 공의를 모아 1649년(인조 26) 선생의 유허지에 용재서원湧才書院을 창건하고 선생을 제향祭享했지만, 불행히도 1742년(영조 17) 서원훼철의 국령에 따라 이 용재서원은 훼철되고 말았습니다.

　그러나 선생에 대한 존모尊慕의 염念은 그침이 없어서, 1783년(정조 7) 세덕사世德祠를 세워 경재 선생을 비롯하여 같은 부림홍씨로 성종조成宗朝의 드러난 학자인 허백정虛白亭 홍귀달洪貴達 선생과 그의 아드님인 우암寓菴 홍언충洪彦忠 선생 세 어른을 합향合享하여 향화香火를 올리게 되었습니다. 그리고 다시 지방 사림의 공의公議가 있어 이 세덕사를 증축 확장하여 서원의 체제를 갖추고 양산서원陽山書院으로 승호陞號하게 되었던 것입니다. 서원 호칭을 양산陽山이라 정한 것은 경재 선생의 행적이 수양산에서 아사餓死한 백이伯夷·숙제叔齊와 닮았기 때문이었습니다. 그러나 이 양산서원도 1868년(고종 5) 다시 서원훼철령에 의하여 훼철의 비운을 겪어야만 했지만, 경재 선생의 만고萬古의 충절을 오유烏有로 돌릴 수 없어 양산서원의 유허에 척서정陟西亭(수양산을 사모한다는 뜻)을 세워 선생의 충혼을 기려 왔던 것입니다.

　역사는 변전하여 2차 세계대전 후 이 지구상은 새로운 세계질서를 추구하면서 세계 각국이 자국의 문화전통을 자랑하면서 새로운 세계문화 창조에 기여하고자 열을 올리고 있는 중입니다. 우리는 유사 이래 일찍이 볼 수 없었던 왕성한 국운에 힘입어 세계문화 창조의 선진대열에 서게 되었습니다. 새로운 문화 창조는 찬연한 전통의 건전한 계승에서만 가능한 것입니다. 그 당위를 위하여 우리는 전통적인 선비정신을 오늘에 되살려야만 한다는 절실한 요구에 직면하게 되었습니다. 이 절실한 시대적 요구에 부응하여 경재 홍로선생의 정신을 이어받은 부림홍씨 후예들과 이 지역 뜻있는 인사들은 이 지역의 정신적 상징인 양산서원의 복원을 모색하게 되었습니다. 그리하여 2015년에 양산서원을 복원하면서 전에 모셨던 경재 선생, 허백정 선생, 우암 선생의 3선생 외에 목재木齋 홍여하洪汝河, 수헌睡軒 홍택하洪宅夏 두 선생을 합쳐 다섯 선생을 함께 모시게 된 것입니다.

이상이 양산서원이 걸어온 역사의 대강입니다. 정령으로 훼철을 거듭한 서원을 이제 다시 복원하는 의도는 무엇인가? 훼철의 원인인 족벌정치의 온상으로서의 서원의 말폐를 일소하고 서원

창설의 본래적인 목적인 선현의 불후不朽의 정신을 본받아 새로운 문화 창조의 진운進運에 동참코자 하는 목적에서입니다. 부림 홍씨 종중宗中과 이 지역 뜻있는 분들의 새로운 문화 창조의 욕구가 응집되어 결국 이 양산서원의 복원을 보게 된 것입니다. 그 염원이 헛되지 않아 앞으로 이 양산서원은 이 지역 문화활동의 본원지本源地가 되고 나아가 새로운 창조적 문화건설에 크게 이바지할 것이라 믿는 바입니다.

고명하신 여러분들의 많은 동참과 지도편달을 바라면서 이 서원지를 간행하는 바입니다.

2016년 10월 일
양산서원 원장 이완재

축간사

　고려 개국 초기인 서기 950년경에 홍란이라는 선비가 팔공산의 무소뿔과 같은 정기를 지닌 이곳 부계에 터 잡은 이래 유서 깊은 가문의 전통을 1000년 이상 이어 온 부림홍씨 문중에서 오늘 『양산서원지陽山書院誌』를 발간하게 됨을 3만 군민과 더불어 축하드립니다.

　1786년(정조 10) 설립된 양산서원은 1868년(고종 5) 서원철폐령으로 건물이 모두 훼철되는 비운을 겪은 후 1948년 그 유허에 강당만을 짓고 옛 모습을 복원하지 못한 채 140여 년을 지내오다가, 지난 2010년 군위군에서 한밤마을 권역 농촌개발사업의 일환으로 12억 원의 예산으로 묘우, 내삼문, 입나재, 구인재, 읍청루 등 나머지 부분을 복원한 바 있습니다. 그리고 오늘에 이르러 드디어 양산서원에 대한 역사를 기록한 책자를 만든다고 하니 참으로 뜻 깊은 일이 아닐 수 없습니다. 특히 부림홍씨 문중은 임진왜란의 전란 속에서 홍천뢰 장군을 비롯한 문중의 다수 족친과 부계지역의 민초로 구성된 의병이 영천성전투에서 선봉에 서서 성을 함몰시키는 등 역사의 곳곳에서 제 역할을 해

온 군위를 대표하는 문중입니다.

　앞으로 양산서원이 후진들의 문화·교육공간 및 옛 전통을 이어가는 충효·예절교육의 요람으로 거듭나기를 기원 드리면서 다시 한 번 『양산서원지』 발간을 축하드립니다.

군위군 군수 김영만

축간사

부림홍씨 대율파의 오랜 숙원사업이요 선현들의 충절을 만대
에 기리기 위한 사업의 일환인 『양산서원지』가 발간됨을 전
군민과 함께 진심으로 축하드립니다. 이 『양산서원지』는 지역의
인재양성과 선비정신 함양의 요람이었던 양산서원의 역사를
정리하여 종중의 역사를 새롭게 조명하고 종친들 간의 화합을
도모하는 역할을 할 뿐만 아니라 지역 내 유림들에게 선조들의
충절을 되새겨 보게 하는 소중한 책이 될 것이라 생각합니다.

양산서원은 1783년 조선 정조 7년 도내 유림들의 공의에 따라
고려 말의 충신 홍로 선생과 조선조 좌참찬 겸 양관대제학 홍귀달,
이좌좌랑을 역임한 대학자 홍언충 등 세 분 선생들의 위패를
모시고 이분들의 충절과 학덕을 기리기 위해 세워진 유서 깊은
교육기관이었습니다. 1794년(정조 18)에 사액소賜額疏를 올려 이듬
해 예조로부터 사액서원의 정례를 따르라는 비답을 받았으며,
1868년(고종 5) 서원철폐령으로 없어질 때까지 100년 가까이 우리
고장의 충절교육기관으로서의 역할을 해 왔습니다.

서원철폐령 이후 오늘에 이르기까지 약 140여 년간 방치되어

오던 것을 지난 2015년에 전액 국비를 지원받아 복원을 완료하고 목재 홍여하 선생과 수헌 홍택하 선생을 추가배향한 데 이어, 이제 서원지를 발간함으로써 우리가 잠시 잊고 있었던 그들의 충절과 선비정신을 후대에 자랑스럽게 전해 줄 수 있을 것이라 생각합니다. 아무쪼록, 이번에 발간되는 『양산서원지』가 소중한 문화유산의 발자취를 우리 후대에까지 생동감 있게 전해 주고 군민 모두에게는 조상의 숨결을 느끼게 해 주는 귀중한 사료로 활용되기를 바랍니다.

끝으로, 이번 『양산서원지』의 발간을 계기로 다섯 분 선생의 종중이 더욱 중흥되기를 기원 드리며, 서원지 발간을 통해 지역 선현들의 충절을 후세에 알리기 위해 노고를 아끼지 않으신 관계자 한분 한분의 정성과 노고에 진심으로 감사를 드립니다.

군위군의회 의장 김윤진

축간사

　팔공산이 높이 솟아 버티고 선 그 서북 편에 그림처럼 펼쳐진 분지는 우리 조상님이 터를 잡고 일구어 오신 세거지로 이름하여 한밤이다. 한밤을 대율이라 하는데, 대율의 이두식 표현이 바로 한밤이며 이것은 근자에 이르러 대율보다 더 널리 알려진 이름이 되었다.

　한밤의 부림홍문은 학문을 숭상하고 예절을 바르게 하며 수신 제가의 법도를 지키고 안분의 도를 행하여, 조선조가 개국할 때 고려조에 대한 절의를 지켜 순절하신 경재 선생의 후예로서 부끄러움이 없는 삶을 살며 청빈한 선비로서의 명성을 지켜 왔다. 아울러 서원을 세워 인근 주민과 자손들의 교육에 힘을 모아 오던 중, 고종 연간에 서원의 피해가 백성에 영향을 미침이 커 전국 일천 여 서원 가운데 47개소를 제외한 모든 서원에 훼철령이 내리니 안타깝게도 양산서원 또한 훼철을 면치 못하게 되었다. 이후 일백 수십 년이 흘러오는 동안 복원의 열기가 끊이지 않았는데, 언젠가 자손 중에 이 복원사업을 해 주었으면 한다고 남기신 선현의 글을 보고 한탄해 마지않다가, 마음이 있는 곳에 길이 있음인지, 결자해지라, 드디어 2015년 국비사업으로 다시 서원을 준공하고 보니 이보다 더 기쁠 수 있겠는가.

그러나 시대의 변천으로 과거 서원의 이력을 다할 수 없음이야 차치하고, 맹자께서도 "성현이 가르친 법도나 예절도 시대에 맞지 않으면 고쳐서 하라" 하셨으니 여러 논의 끝에 우리도 이 기회에 시속에 맞게 제향 기능을 줄이고 인근 젊은이들의 예절교육의 도량이 될 수 있도록 하자 해서 2015년 추향부터 개혁을 단행하여 왔다. 이는 실로 맹자의 가르침을 실천한 것이라 생각된다.

어렵사리 양산서원의 현판을 문미에 걸었으니, 우리 주민들과 자손 누구나 이용할 수 있는 시설이 되어 천만세토록 우리 지역주민의 마음에 구심점으로 남아 주었으면 하는 마음 간절하다.

군위문화원 원장 홍상근

축간사

우리나라 역사가 살아 숨쉬는 『삼국유사三國遺事』의 고장, 유향儒鄕과 충절忠節의 고장인 군위는 국난 극복에 앞장서서 목숨을 초개같이 버린 충의지사忠義志士가 그 어느 고을보다 많은, 수많은 위인과 명현, 충신을 배출해 낸 자랑스러운 고장입니다.

예로부터 이르기를 팔공산 동쪽으로 뻗어 내린 끝자락 영천 임고 땅에는 '나아가 목숨을 바침'으로써 고려에 충절을 다한 포은 정몽주 선생의 임고서원이 있고, 팔공산 서쪽으로 뻗어 내려 낙동강으로 빠져드는 구미 선산 땅에는 '물러나 절의를 지킴'으로써 고려에 충절을 다한 야은 길재 선생의 금오서원이 있으며, 그 중간인 팔공산 북쪽의 군위 한밤 땅에는 고려왕조에 대한 충절로 짧은 생을 마감하신 경재 홍로 선생의 양산서원이 있다고 했습니다. 고려의 충신들인 목은, 포은, 야은을 일컬어 '삼은三隱'이라고 부르며 숭상하지만, 그들과 더불어 백이숙제처럼 불사이군不事二君하신 경재 홍로 선생도 같은 반열에 있었다 하겠습니다.

후세들은 이분 선현들의 정신을 기려 제향하며 교육의 터를

15

닦기 위해 서원을 세웠던바, 그 중 양산서원은 고려 충신 경재 홍로 선생과 연산군 때의 허백정 홍귀달 선생, 그리고 그의 자제인 우암 홍언충 선생 세 분을 제사지내는 곳으로, 그분들의 높은 뜻을 잇기 위해 팔공산 자락에 배움의 터를 마련한 지 벌써 200년이 넘어서고 있습니다.

이곳은 1711년 경재 선생을 제향하기 위한 율리사로 창건되었다가, 1786년에 다시 경재 선생과 함께 허백정 선생, 우암 선생 세 분을 제향하면서 지방교육을 담당하는 양산서원으로 승호되었습니다. 이 양산서원에는 위패를 봉안한 묘우, 강당인 흥교당, 입나재, 구인재, 읍청루, 반무당 등의 건축물이 들어서 있었으나 1868년 흥선대원군의 서원철폐령으로 모든 건물이 훼철되었습니다. 이후 30년 만에 겨우 강당 한 채만을 다시 세우고는 140여 년이 지난 지금까지 잡초만 무성한 채 세월을 보내왔으니, 후손의 한사람으로서 부끄러움을 금할 수 없었습니다.

이제 한밤마을은 옛날의 양산서원을 복원하여 유교문화의 전통을 되살리고 선비정신을 실천하며 후대에게 선현의 가르침을 전해 주는 추로지향의 풍모를 되찾게 되었습니다. 이는 서원 본연의 모습으로 다시 태어나는 것이라 생각되기에 군위군민과 함께 매우 기쁘게 생각합니다.

그동안 양산서원 복원이 있기까지 많은 노력을 아끼지 않으신 홍대일 한밤마을운영위원장님을 비롯한 모든 주민 여러분과 기꺼이 부림홍문缶林洪門의 재산을 일반 국민들에게 개방한 홍구헌 종손을 비롯한 종중 어르신들께 머리 숙여 감사드립니다. 특히 물심양면으로 지원을 아끼지 않으신 김관용 경상북도지사님, 김재원 국회의원님, 김영만 군위군수님을 비롯한 관계 공무원 여러분께도 그동안의 노고에 감사를 드립니다.

오늘을 살아가는 우리들은 조상의 얼이 담긴 귀중한 역사자료를 찾아내고 또한 소중하게 가꾸어 나가는 것이 후손에 대한 책무라고 생각합니다. 오랜 기간 우리에게 잊혀져 있던 양산서원을 복원함으로써 오늘 또 하나의 새로운 문화유산을 후손의 품에 안겨 줄 수 있는 기회를 만들었다고 자부합니다.

불초소생 또한 경상북도의회 운영위원장으로서, 그리고 봉안

위의 후손으로서 늦게나마 복원된 양산서원에 세 분의 위패를 환안還安하게 되어 무척 다행으로 생각합니다. 또한 목재 홍여하 선생, 수헌 홍택하 선생의 추가배향을 진심으로 반기면서, 이를 계기로 자랑스러운 우리 선조의 문화유산이 후손들에 의해 더욱 깊이 연구되고 발굴되어 계승될 수 있게 되기를 바랍니다.

아무쪼록 경재 선생의 넋과 얼이 서린 양산서원 복원에 즈음한 서원지 발간을 기뻐하며, 여러 가지 국내외 사정으로 어려워질 때마다 이곳에 모셔진 선현들의 지혜를 본받아 슬기롭게 위기를 극복하고 더욱 발전하는 후손이 될 수 있도록 우리 모두 함께 힘을 모아 나가기를 기대합니다.

끝으로, 이제부터 이곳 양산서원이 누구든지 찾아와서 배우고 익히며 항상 글 읽는 맑은 소리 끊이지 않는 수기치인修己治人하고 경세제민經世濟民하는 교육의 큰 장으로 승화되기를 기원합니다.

경상북도 도의원 홍진규

축간사

　서원은 조선시대의 사립교육기관으로서 중심건물인 사당과 강당을 두고서 선현을 제사하고 지방의 양반자제를 교육하던 곳입니다. 이에 지역별 혹은 성씨별로 다투어 서원을 건립하였다가 조선 말기에 대부분이 훼철되기도 하였으나, 오늘에는 그 기능이 다소 변질되어 제사만을 담당한 서원들이 증가하여 1천 곳이 넘는 서원이 운영되고 있습니다. 그런데 경상북도 군위군 부계면 남산리에 위치한 양산서원陽山書院은 다른 서원들에서는 볼 수 없는 특별함이 있습니다.

　양산서원은 대구·경북의 영산靈山인 팔공산의 서북쪽에 자리하여 빼어난 경치를 가지고 있습니다. 한티재를 넘어 부계缶溪로 이어지는 순환도로를 따라가다 보면 한밤마을 거의 못 미친 곳에 파계재에서 북쪽으로 내려오는 큰 개울을 따라 제2석굴암으로 유명한 사찰 건물이 위용을 자랑하고 있는데, 양산서원은 이 사찰과 경계를 이루고 동향으로 자리한 채 누각과 강당, 사당 외에 동·서재와 전사청 등이 오밀조밀하게 배치되어 있어 한옥 건물의 운치를 잘 살려 놓고 있습니다.

양산서원에는 고려 말에서 조선시대에 걸쳐 부림홍씨 가문에서 배출한 뛰어난 인물 다섯 분을 배향하고 있습니다. 경재敬齋 홍로洪魯 선생은 일찍이 문과급제하여 촉망받던 선비였으나 고려가 패망하자 27세에 자진순절하여 불사이군不事二君의 모범을 보였고, 허백정虛白亭 홍귀달洪貴達 선생은 성종·연산군 때에 대사헌, 대제학, 호조판서, 공조판서, 경기관찰사 등을 역임하였으며, 우암寓菴 홍언충洪彦忠 선생은 문과급제 후 서장관, 성균직강 등을 역임하였습니다. 그리고 목재木齋 홍여하洪汝河 선생은『휘찬여사彙纂麗史』를 간행한 것으로 유명하며, 수헌睡軒 홍택하洪宅夏 선생은 정조·순조 때의 인물로서 대과급제 후 사헌부지평, 돈녕부도정 등을 역임하였습니다

양산서원은 1649년(인조 26)에 경재 선생을 배향하는 묘우인 율리사栗里祠와 강당인 낙육재樂育齋를 건립하여 서원의 규모를 갖추었다가 1783년(정조 7)에 세덕사世德祠로 개칭, 경재·허백정·우암 3선생을 합향合享하였고, 그 3년 후에 세덕사를 양산서원으로 승호하였습니다. 그 후 1826년(숙종 26)에『경재선생실기敬齋先生

實紀』를 초간하고 『휘찬여사』의 목판도 함께 이 서원에 보관하였
는데, 1868년(고종 5) 대원군의 서원철폐령에 따라 훼철되고 말았
습니다. 이에 부림홍씨 문중에서는 진작부터 양산서원의 복원을
계획하여, 1897년에 척서정陟西亭을 건립하고 1948년에 양산서당
을 건립하였으며 1969년에는 경내에 석조 장판각藏板閣을 건립하
였습니다. 이어 2015년에는 정부의 지원을 받아 서원의 규모를
갖춘 다음에 목재 선생과 수헌 선생을 추배追配하게 되었고, 드디
어 이렇게 양산서원의 역사와 배향된 오선생의 행적을 담은
서원지를 발간하기에 이르렀습니다.

끝으로 『양산서원지』의 발간을 위해 힘쓰신 홍우흠 박사, 홍대
일 박사, 홍원식 박사, 군위문화원 홍상근 원장의 노고에 깊이
감사드리는 것으로 축간사에 갈음하겠습니다.

성산서원, 문학박사 이명식

축간사

오랜 세월 동안 흠모와 존경의 대상이 되어 왔던 고려 말의 충신 경재 선생을 비롯하여 허백정, 우암, 목재, 수헌 등 오현五賢을 봉향하고 있는 양산서원에서 서원지를 발간하게 됨을 진심으로 축하해 마지않습니다.

양산서원이 위치한 대율리大栗里는 일찍이 선비문화의 요람이자 본향本鄕으로 일컬어졌던 자랑스런 고장입니다. 팔공산의 영봉들이 서원을 둘러싸고 영산의 분수선分水線으로 흘러나온 물들을 모아 낙강수洛江水로 발원해서 맑은 부계천缶溪川이 율리栗里 벌을 적시면서 흘러내리는데, 특히 대율리는 산과 물, 사람과 자연 그리고 문물이 어울려 명승지를 이룩한 곳으로서 고려 후기 때부터 이미 유현을 배출해 낸 유교문화의 터전이었고 선비의 샘이었습니다. 또한 한 서린 애환을 간직하고 있는 충절로 유명할 뿐 아니라, 유儒·불佛의 문화가 함께 살아 숨 쉬는 자랑스러운 삶의 현장이었습니다.

인간의 세상사에서 위선爲先하는 추원보본追遠報本의 성효誠孝는 정말 아름다운 일입니다. 선조의 아름다운 학덕과 행적을

22

알고도 천양闡揚하지 아니함은 결코 효孝가 되지 못할 것입니다.

이로부터 양산서원의 내력을 간략히 살펴보면, 1711년(숙종 37)에 여말의 충신인 경재 홍로 선생을 봉향하기 위하여 율리사를 세웠으나 1742년(영조 17)에 국령에 따라 훼철하게 되었고, 이후 1783년(정조 7)에 다시 세덕사를 창건하여 경재 홍로 선생과 허백정 홍귀달 선생, 우암 홍언충 선생 등 세 분을 함께 제향하다가 향당 유림들의 발의에 따라 1786년(정조 10)에 서원으로 승호되었으나, 1868년(고종 5)에 다시 국령에 의해 훼철되기에 이르렀습니다. 그 후 1969년에 다시 규모를 키워서 새로 중창하여 옛 3선생의 위패를 환안하였고, 오늘에는 목재 홍여하, 수헌 홍택하 양선생을 더하여 오현五賢을 합향하고 있습니다.

이제 『양산서원지』의 간행을 통해 양산서원의 자취와 오현의 아름다운 행적을 알 수 있게 된 것은 부림홍씨 일문一門의 성사盛事에 그치는 것이 아닙니다. 이를 계기로 양산서원이 모든 후학들이 그 문염文艶을 함께 경앙景仰하고 숭사崇事하며 오현의 높은 학문과 유훈을 거울삼아 수기성찰하는 도량으로 자리매김할 의미심

장한 첫걸음이 될 것이라 믿어 의심치 않습니다. 아울러 오늘날 미풍양속이 황폐화된 현실에서 양산서원이 새로운 세교풍화世教風化를 이끎으로써 유향儒鄕 율리의 위상을 한껏 드높일 수 있게 되기를 간절히 기대하는 바입니다.

아무쪼록 이 『양산서원지』의 간행을 계기로 오현五賢 선생의 유덕이 천추에 길이 빛나기를 기원하면서 수미首尾가 없는 무사無辭로 몇 마디 엮어 축간사에 갈음하는 바입니다.

전 영천 · 청도 · 칠곡군수

임고서원 충효문화수련원장

성산 이남철

제3부 양산서원 복원 기록

양산서원 연혁

1649년(己丑, 인조 26)

용재서원 창건, 경재 홍로 선생 배향

사림의 공의公議에 따라 경재敬齋 홍로洪魯(1366~1392, 부림홍씨 9세) 선생의 유허지인 용재산 기슭(湧才之麓, 陽山 부근으로 추정)에 용재서원湧才書院을 세우고 경재 선생을 배향配享하다. 신묘년辛卯年에 율리栗里로 옮겨 세웠으며, 이후 폐훼廢毁 시기 및 이유는 분명하지 않다.

「용재서원봉안문湧才書院奉安文」(『栗里誌』)과 「상향축문常享祝文」(『栗里誌』)이 남아 있다.

1711년(辛卯, 숙종 37)

율리사 창건, 경재 홍로 선생 배향

용재서원의 옛 땅에 율리사栗里祠(栗里社)를 창건하고 경재 홍로 선생을 배향하다. 묘우廟宇는 율리사栗里祠, 당堂은 낙육재樂育齋, 원장院長은 산장山長이라 칭한 것을 보면 서원의 규모를 갖춘 것으로 짐작된다. 1742년(영조 17) 국령에 따라 훼철되었다.

「율리사봉안문栗里社奉安文」(洪錫箕 찬; 『敬齋先生實紀』)과 「상향축문」(洪大龜 찬; 『敬齋先生實紀』)이 남아 있다.

1783년(癸卯, 정조 7)
세덕사 창건, 경재 홍로 선생과 더불어 허백정 홍귀달, 우암 홍언충 3선생 합향

사림의 공의에 따라 양산에 세덕사世德祠를 창건하고 경재 홍로 선생과 더불어 허백정虛白亭 홍귀달洪貴達, 우암寓菴 홍언충洪彦忠 3선생을 합향合享하다.

「세덕사상량문世德祠上樑文」(宋履錫 찬; 『敬齋先生實紀』)과 「봉안문」(大山 李象靖 찬; 『敬齋先生實紀』) 및 「상향축문」(小山 李光靖 찬; 『敬齋先生實紀』)이 남아 있다.

1786년(丙午, 정조 10)
세덕사를 양산서원으로 승호

향의鄉議와 도의道議에 따라 사祠를 원院으로 승호陞號하고 양산서원陽山書院이라 현판懸板하다. 양산에서의 경재 선생 행적이 중국 고대 백이伯夷·숙제叔齊의 수양산首陽山에서의 행적과 닮은 데다 지명마저 같아 선생의 도의와 충절을 높이기 위해 양산서원이라 이름 붙였다.

「양산서원승호시개제고유문陽山書院陞號時改題告由文」(鄭熺 찬; 『敬齋先生實紀』)과 「환안문還安文」(鄭熺 찬; 『敬齋先生實紀』)이 남아 있다.

1794년(甲寅, 정조 18)

양산서원 사액 청원

8월 양산서원의 사액賜額을 청하는 상소를 올렸으나 장계狀啓가 중간에 머무른 채 답이 내려오지 않다.

「청액상언請額上言」(幼學 李載馥, 金養浩, 李挺坤 등 찬; 『敬齋先生實紀』)이 남아 있다.

1795년(乙卯, 정조 19)

양산서원 사액과 관련 예조에 글을 올림

전년에 올린 「청액상언請額上言」이 본관本官을 통과하여 이해 10월 예조禮曹에 글을 올리다. 예조에서 사액과 미사액을 구분치 말고 양산서원도 사액서원의 정례定例에 따를 것을 답하다. 당시 예조판서禮曹判書는 이득신李得臣, 경상감사慶尙監司는 이태영李泰永이었다.

「정예조문呈禮曹文」(幼學 張東旭, 金養浩, 李升龍, 蔡師魯, 申泓 등 찬; 『敬齋先生實紀』)이 남아 있다.

1820년(庚辰, 순조 20)

양산서원 중건, 증축

서원의 모습을 완전히 갖추다. 당堂은 흥교興敎, 좌실은 입나立懦, 우실은 구인求仁, 루樓는 읍청挹淸이라 현판하였으며, 읍청루 옆으로 물을 파서 반무당半畝塘이라 하였다. 사묘祠廟와 동서재東西齋의 이름은 전하지 않는다.

「양산서원강당중건상량문陽山書院講堂重建上樑文」(李祥發 찬;『敬齋先生實紀』)과 「양산서원강당중건기陽山書院講堂重建記」(洪宅夏 찬;『敬齋先生實紀』)가 남아 있다.

1826년(丙戌, 순조 26)
『경재선생실기』와 『(목재선생가숙)휘찬여사』 목판 보관

1826년 경재 홍로 선생의 『경재선생실기敬齋先生實紀』를 초간初刊하고 목판을 양산서원에 보관하다. 『경재선생실기』는 정언正言 홍종섭洪宗涉이 총책임을 맡아 각판 73판과 보판 5판, 총합 78판, 단권으로 간행하였다. 『경재선생실기』 서문序文은 일찍이 홍택하洪宅夏가 승문원정자承文院正字로 있을 때(1788년) 이헌경李獻慶으로부터 받았다.

이 시기를 전후하여 『(목재선생가숙)휘찬여사(木齋先生家塾)彙纂麗史』(木齋 洪汝河 찬)의 목판도 양산서원에 보관하다. 본 목판을 양산서원에 보관하게 된 연유와 시기는 정확하게 전하지 않는다. 「경재선생실기서敬齋先生實紀序」(李獻慶 찬, 1788;『敬齋先生實紀』)와 「후서後敍」(曺采臣 찬;『敬齋先生實紀』), 「발跋」(丁範祖 찬, 1790;『敬齋先生實紀』), 「지識」(洪宗涉 찬; 1826, 『敬齋先生實紀』)가 남아 있다.

1868년(戊辰, 고종 5)
양산서원 훼철

7월에 이어 9월에 거듭 본읍本邑 다섯 서원(陽山, 龜陰, 文陽, 道岡, 羅溪)에 대한 훼철령이 내려와 10월에 부득이 3선생의 위패를 강당에 옮겨 모시고 묘우를 훼철하였으며, 11월에 다시 위패를 뒷산 기슭에 묻고 강당과 동서재도 허물다. 양산서원 승호陞號 후 82년이 지난 때였다.

「양산서원훼철시이안고유문陽山書院毀撤時移安告由文」(洪龍佑 찬; 『栗里誌』)과 「매위판시고유문埋位版時告由文」(『栗里誌』)이 남아 있다.

1872년(壬申, 고종 9)
양산서원 묘우 복설 시도 후 중단

종손 홍영수洪英修를 중심으로 양산서원 묘우 복설復設을 시도 하다가 홍영수가 압송되어 곤양昆陽으로 1년간 유배를 가면서 중단되다.

「별묘상량문別廟上樑文」(肯菴 李敦禹 찬; 『敬齋先生實紀』)과 「별묘부조고 유문別廟不祧告由文」(洛坡 柳厚祚 찬; 『敬齋先生實紀』)이 남아 있다. 당시 척암拓菴 김도화金道和가 찬한 「경절당상량문景節堂上樑文」은 남아 있지 않다.

1897년(丁酉, 광무 원년)
척서정 창건

양산서원 유허에 3선생을 기리기 위해 척서정陟西亭을 창건하 다. '척서陟西'는 '서산西山에 오르다'라는 뜻으로, 경재 선생의 행적이 일찍이 백이·숙제가 서산(首陽山)에 올라 고사리를 뜯어 먹으며 숨어 살다 죽었다는 고사와 닮아 붙인 이름이다. '척서정陟 西亭' 판액은 향산響山 이만도李晚燾가 썼다.

「척서정상량문陟西亭上樑文」(拓菴 金道和 찬; 『敬齋先生實紀』)과 「척서정기陟西亭記」(趙秉瑜 찬; 『敬齋先生實紀』)가 남아 있다.

1920년(庚申)
척서정 내 묘우 중건

척서정 내에 묘우를 중건하였지만, 제향을 올리지는 못하다.

1948년(戊子)
척서정 이건, 양산서당陽山書堂 건립

척서정 내 묘우를 양산폭포 옆으로 이건移建하여 '척서정陟西亭' 판액을 달아 경재 선생의 '갱장지소羹墻之所'로 삼고, 구 척서정은 양산서당으로 개판改板하여 경재 선생의 '추모지소追慕之所'로 삼다. 이후 척서정과 양산서당을 여러 차례 보수하다.

1969년(己酉)
양산서당 내 장판각 건립

『경재선생실기』와 『(목재선생가숙)휘찬여사』의 목판木板 보관을 위해 석조石造 장판각藏板閣을 건립하다.

1990년(戊午)
『(목재선생가숙)휘찬여사』 목판문화재 지정

8월 7일 양산서당 내 『(목재선생가숙)휘찬여사』 목판이 경상북도 유형문화재 제251호로 지정되다.

2011년(辛卯)

『경재선생실기』와 『(목재선생가숙)휘찬여사』 목판

한국국학진흥원에 기탁, 보관

12월, 200년 가까이 양산서원(당)에서 보관해 오던 『경재선생실기』(총 41판)와 『(목재선생가숙)휘찬여사』(총 830판) 목판을 학술발전과 영구보전을 위해 한국국학진흥원에 기탁, 보관하다.

2015년(몰후 623년)

양산서원 복원 및 3선생 위패 환안還安, 그리고 목재木齋 홍여하洪汝河,
수헌睡軒 홍택하洪宅夏 선생 추가 배향

한국국학진흥원 기탁 목판 유네스코 세계기록유산 등재 결정

이완재李完栽 영남대 명예교수 초대 원장 취임

정부의 지원금을 받아 3년 가량의 공사 끝에 양산서원을 복원하여 4월 준공식을 가지고, 10월 향내 유림과 인사들의 뜻에 따라 이전 3선생의 위패를 환안하고 목재 홍여하, 수헌 홍택하 양 선생을 추가 배향하다. 대원군 때 훼철된 후 147년이 지나 복원되었으며, 공사의 총책임은 홍대일이 맡았다.

묘우는 겹 3간으로 묘호가 숭덕사崇德祠이고, 당은 10간, 누는 겹 3간으로 이전의 이름을 그대로 가져와 흥교당興敎堂, 읍청루挹淸樓라 현판하였으며, 동서재는 각 3간으로 이전 정당 협실夾室의 이름을 가져와 입나재立懦齋와 구인재求仁齋라 현판하였다. 「양산서원복원기문陽山書院復元記文」은 국민대 명예교수인 전 한국국학

진흥원 초대원장 조동걸趙東杰 박사가, 「양산서원묘우복원상량
문陽山書院廟宇復元上樑文」과 「읍청루복원기문挹淸樓復元記文」은 영
남대 명예교수 채산採山 홍우흠洪瑀欽 박사가 지었으며, 양산서원
복원을 맞아 계명대 교수 이훤怡萱 홍원식洪元植 박사가 경재선생
의 「개찬행장改撰行狀」과 「연보年譜」 및 수헌 홍택하 선생의 「연보」
를 지었다. '陽山書院'과 '崇德祠', '日省門' 등의 판액 글씨는 홍우흠
박사가 썼으며 '挹淸樓' 판액은 전해 오던 구 현판의 글씨를 모사하
여 걸었다.

10월 『경재선생실기』와 『(목재선생가숙)휘찬려사』 목판을 포함
한 한국국학진흥원이 기탁 보관해 오던 목판 6만여 판이 유네스
코 세계기록문화유산에 등재 결정되다.

10월 양산서원 운영위원회에서 이완재李完栽 영남대 명예교수를
초대 원장으로 추대하여 취임하다.

철학박사 계명대 교수 홍원식 정리

제1부 양산서원 봉안 오선생

1. 경재 홍로

묘갈명 병서[墓碣銘幷序]

蓋當麗氏運訖, 冶隱去, 圃隱死, 牧隱罔僕以終身, 此其義各殊, 然自靖自獻, 蓋未嘗不同耳. 若敬齋洪公, 其跡婉, 其志微, 不欲使人知, 而君子之尙論者, 以公爲三隱之徒, 豈無所稽而然哉. 恭讓壬申, 公以門下舍人, 移疾, 不俟報, 歸覲大嶺之南. 已而, 聞圃翁死之, 泫然曰, 人之云亡, 邦國殄瘁. 自是意忽忽不樂, 以其年七月初得疾, 十七日晨起曰, 夜夢太祖王, 吾其以今日歸乎. 遂入謁祠堂, 詣進士公寢側, 跪受敎, 又北面拜曰, 臣與國偕亡, 整衣冠, 就寢而逝, 年二十七. 公諱魯, 字得之, 七歲通孝經, 及長, 志性理學, 進士公命就公車, 二十二擢生員, 二十五中別試第, 恭讓二年也. 以不次除左拾遺, 由翰林學士, 陞門下舍人, 嘗密啓, 救李穡·曹敏修, 不抵罪. 公之移疾歸也, 圃翁歎曰, 得之得之矣, 蓋以其字戲之也. 進士公問曰, 來時見圃爺否, 公愀然曰, 知其心矣, 見之何及, 見之必不許歸, 歸

無日矣. 得邸報, 輒歔欷不視, 及聞金震陽等疏起, 歎曰, 此將死者
讝語爾. 性愛淵明詩, 每月明夜深, 端坐朗誦, 音聲悲越, 進士公傷
其意, 語之曰, 閒居無聊, 盍訪冶翁爲. 公對曰, 此老有時望, 與之往
還, 是自標也. 時冶翁棄官, 在金烏山下, 已三年也. 公缶林人, 洪之
貫缶林, 自侍中諱鸞始, 有諱敍, 諱仁祖 · 連兩世爲左僕射, 僕射生
諱文正, 寔公曾祖, 祖諱漣監務, 考諱敏求進士, 事母孝, 與益齋 ·
牧隱游, 知名當世, 公媲韋氏, 相公臣哲之女, 一子曰在明, 公葬在
缶東市峴艮坐之原, 今三百七十有餘載, 子孫家焉, 蕃衍至數百餘
人, 公有詩若干首, 傳於人世, 言東國之知有程朱學, 自圃隱始, 今
以公之詩觀之, 理趣見識, 宛是洛閩口氣, 於是乎益信公之問學淵
源有得於圃翁, 而出處之正, 節操之確, 未始不由於講明之有素, 欲
知公者, 蓋於是攷之. 銘曰,

　淵明之終, 紫陽書特曰, 晉處士卒. 公之門, 手植五柳, 其必尙友
於柴桑高躅, 公墓之石, 書之曰, 高麗舍人之藏, 足矣.

　　　　　　　　　　　崇政大夫行戶曹判書兼判義禁府事
　　　　　　　　　　　弘文館提學藝文館提學知春秋館事
　　　　　　　　　　　　　　　蔡濟恭 撰

<1980년 심재완 문학박사가 본 비문을 국문으로 번역한 것이 경재선생묘소에
세워져 있으므로 아래에 그대로 옮겨 싣는다.>

　高麗의 國運이 다함에 冶隱은 가셨고, 圃隱은 죽으셨고, 牧隱은 절개를 지켜 몸을 바치셨으니 그 義를 行하는 方法은 각각 다르나 나라를 위하여 몸을 바침은 다 같은 것이다. 敬齋 洪公은 그 자취를 감추시고 뜻을 숨겨 세상에 알리고자 아니 하였으므로 당시 君子들이 公을 三隱의 列에 두었으니 어찌 근거 없는 論評이리요.

恭讓王 壬申에 公이 門下舍人으로서 病이라 일컫고 고향으로 얼마 후에 圃隱의 壯한 悲報를 듣고 "사람도 죽고 나라도 망하는구나" 하고 이로부터 슬픔에 잠겨 病席에 눕고 반달만인 七月 十七日 새벽에 갑자기 일어나서 "지난 밤 꿈에 太祖大王을 보았으니 나는 오늘 죽을 것이다" 하시며 祠堂에 拜謁하고 아버님 進士公에게 문안드리고 北面四拜하시여 "臣은 나라와 함께 몸을 마치나이다" 하시고 衣冠을 整齊하고 조용히 운명하시니 그 때 나이가 二十七歲였다.

公의 諱는 魯요 字는 得之니 七歲에 孝經에 通하셨고 자라며 性理學에 뜻을 두셨다. 進士公의 命으로 벼슬길에 올라 二十二歲에 生員進士에 뽑혔으며 二十五歲에 別試에 及第하셨으니 그 때는 곧 恭讓王 二年 壬申이었다. 차례를 밟지 않고 左拾遺와 翰林學士를 거쳐 門下舍人에 이르렀으며, 密啓를 올려서 李穡과 曹敏修 등을 罪에서 免하게 하기도 하셨다.

公이 病이라 하고 歸鄕하신 후에 圃隱이 이를 듣고 탄식하여 말씀하시기를 "得之는 得之로다" 하였으니, 이는 公의 字를 두고 戱言한 말이었다. 進士公이 묻기를 올 때 圃隱을 보았느냐 하시니, 公은 슬픔에 잠기여 "先生의 心中을 알고 있아온데 찾아 뵈면

무엇하오리까" 하시었으며, 조정의 邸報를 받고도 한숨만 쉬시면
서 펴보시지 않으셨다. 또 金震陽 등의 上疏가 있었다는 말을
듣고 장차 다 죽을 사람들의 허황한 소리라고 하실 뿐이었다.
公은 陶淵明의 詩를 좋아하시어 달이 밝으면 밤이 깊도록 단정히
앉아 그 詩를 읊으시니 성음이 처량하였다. 進士公이 그 뜻을
가슴 아프게 여겨 "寂寂하거든 冶隱이나 찾아보라" 하시니, 公이
대답하시기를 "名望이 높은 분을 구태여 찾아 뵙지 않겠나이다"
하였으니, 당시 冶隱은 官職을 버리고 금오산으로 돌아온 지 三年
이었다.

公은 缶林人이니 洪氏가 缶林으로 관향한 것은 侍中 諱 鸞으로부터
시작하였다. 그 뒤 諱 叙와 諱 仁祖 兩代는 左僕射였고, 仁祖의
子 諱 文正은 公의 曾祖이며 祖 諱는 漣이니 監務를 지냈고 아버님
諱 敏求는 進士로서 號는 竹軒이니 어머님께 효성이 지극하였으며,
益齋 牧隱 等과 交遊하여 그 이름이 당세에 알려졌다. 公의 配位는
興陽 韋氏니 相公 臣哲의 따님이며, 아들 한분을 두었으니 諱 在明이
다. 公의 무덤은 缶溪 東쪽 市峴 艮坐이다. 三百 七十年이 지난 지금
그 자손이 수백여 명에 이르렀다.

公의 詩 몇 편이 세상에 전해지고 있으니 世人들이 말하기를
우리나라 程朱學은 圃隱으로부터 시작되었다 하는데 지금 公의
詩를 보면 그 義趣와 見識이 完全히 程朱學에서 나온 것을 알 수
있으니 公의 學問淵源 또한 圃隱으로부터 얻은 것이라 하겠다.
出處의 바름과 志節의 굳음이 그 講明에 바탕이 있었기 때문이다.

공을 알려면 이 점을 상고할지어다.

이에 銘하노니, 陶淵明의 죽음을 朱子가 晋處士 卒이라고 特書하였으니, 公이 門前에 五柳를 심어 淵明의 隱居한 자취를 따르고자 함이거늘 公의 墓碑에는 高麗舍人의 墓라고 쓰는 것이 마땅하리로다.

숭정대부 행 호조판서 겸 판의금부사 홍문관제학
지춘추관사 채제공蔡濟恭 지음

경재 홍로 선생 연보[敬齋洪魯先生年譜]

1366년(丙午, 공민왕 15) 1세
정월 13일 인시寅時에 경북 군위군 부계면 남산리 갖골마을(한밤마을에 포함, 당시는 경상도 善山府에 속함)에서 태어나다. 자는 득지得之, 호는 경재敬齋이다.

선생의 본관은 부림缶林(缶溪)이고, 시조는 고려 중엽 재상을 지낸 란鸞이며, 선생은 부림홍씨 9세이다. 조부는 감무監務를 지낸 련漣이고, 조모는 해주최씨海州崔氏 문헌공文憲公 최충崔沖의 후손이며, 부父는 진사進士 민구敏求이다. 부친 민구의 자는 호고好古이며 호는 죽헌竹軒으로 어머니 최씨에 대한 효성으로 유명했다.

익재益齋 이제현李齊賢, 우곡禹谷 정자후鄭子厚, 목은牧隱 이색李穡, 적성군赤城君 우길생禹吉生 등과 교유하였으며 귀양歸養할 때의 증별시贈別詩가 여럿 남아 있다.

선생은 "어릴 때부터 장아莊雅하고 수미粹美하여, 나이 일곱에 이미 효경孝經에 통했고 책 읽기를 게을리 하지 않았다. 장성해서는 성리학에 전념하여, 고금가례古今家禮와 이락연원록伊洛淵源錄 등을 열심히 읽었다."(「行狀」) 일찍이 목은 이색은 "득지의 문장은 참으로 훌륭하다"(「舊碣遺字」)라고 칭찬하였다.

1387년(丁卯, 우왕 13) 22세
생원시生員試에 합격하다.

선생은 과거볼 뜻이 전혀 없었는데 부친 진사공이 "대저 어려서 글을 배우는 것은 커서 실행함에 있는데 하물며 어버이가 늙어 집에 있음에랴" 하니, 드디어 과거보기를 마음먹었다.(「行狀」)

8월 15일, 포은 정몽주가 문생 13인과 팔공산 동화사桐華寺에서 모임을 가지고 각자의 친필을 담은 연구시첩聯句詩帖인 「백원첩白猿帖」을 남겼는데, 선생도 당시 모임에 참가하여 친필 연구시聯句詩를 남기다.

이 「백원첩白猿帖」은 포은圃隱 정몽주鄭夢周가 명나라에 사신으로 갔다가 유총마劉聰馬(이름 禧億)란 사람으로부터 얻어 온 고려 태조 왕건의 유필遺筆을 보고 그 소회를 읊어 엮은 시첩이다. 고려 태조 왕건王建은 왕위에 오르기 전인 916년(丙子) 태봉국泰封國

을 토벌할 당시 유총마의 선조 유덕劉德 장군에게 증별贈別로 절구絶句 상하 두 편을 써 주었는데, 유장군의 후손 유총마가 이를 보관하고 있다가 포은에게 그 중 한 편을 내어 준 것이다. 그 후 14년이 지난 1387년(우왕 13) 8월 15일에 포은이 문생 13인과 팔공산 동화사에 소풍 차 모인 자리에서 태조 왕건의 유필을 보고서 각자의 감회를 담은 연구聯句의 시를 지어 친필로 남겼다. 당시 참가한 문생은 이보림李寶林, 이종학李種學, 길재吉再, 홍진유洪進裕, 고병원高炳元, 김자수金子粹, 김약시金若時, 윤상필尹祥弼, 홍로洪魯, 이행李行, 조희직曺希直, 도응都應, 안성安省이었으며, 이 가운데 선생을 위시한 7인의 유필만 현재 남아 있다. 이 시첩에는 태조 왕건이 유덕 장군과 증별할 때 친필로 적은 이백李白의 시(「所思: 別東林寺僧」) "동림송객처東林送客處, 월출백원제月出白猿啼, 소별여산원笑別廬山遠, 하번과호계何煩過虎溪"(동림사, 길손 떠나보내는 곳, 달이 뜨고 흰 원숭이 우짖네. 웃으며 이별하니 여산은 멀어졌건만, 어찌 호계 지나침을 근심하리오)가 맨 앞에 실려 있고, 이어 중국 사행에서 태조 왕건의 친필을 입수하게 된 경위와 동화사 모임에서 연구시聯句詩를 쓰게 된 경위를 적은 포은의 친필로 된 발문跋文이 있으며, 그 뒤에 7명의 문생들의 친필로 된 연구단시聯句短詩가 있다. 선생은 "천지냉금기天地冷金氣, 풍운포옥파風雲抱玉葩"(세상엔 어지러운 기운이 싸늘한데, 풍운 속에서도 아름다운 시 지으셨네)라는 내용의 연구단시를 남겼다.

1390년(庚午, 공양왕 2) 25세
별시別試 문과文科에 합격하다.

　당시 지공거知貢擧는 문하평리門下評理 성석린成石璘이고 동지공
거同知貢擧는 조준趙浚이었으며, 허조許稠와 피자휴皮子休, 최이崔伊
등이 동방급제하였다.

최이崔伊와 주염계周濂溪의 「태극도설太極圖說」에 대해 시로써 논하다.

　이 시를 보면 선생이 성리학에 대한 조예가 매우 깊었으며
포은 선생을 이어 주자학의 정통에 서 있었음을 확인할 수
있다. 일찍이 번암樊巖 채제공蔡濟恭은 "공의 시詩 몇 편이 세상에
전해지고 있으니 세인世人들이 말하기를 우리나라 정주학程朱學
은 포은으로부터 시작되었다 하는데 지금 공의 시를 보면 그
의취義趣와 견식見識이 완전히 정주학에서 나온 것을 알 수 있으
니 공의 학문연원 또한 포은으로부터 얻은 것이라 하겠다. 출처
出處의 바름과 지절志節의 굳음이 그 강명講明에 바탕이 있었기
때문이다. 공을 알려면 이 점을 상고할지어다"(「墓碣銘幷序」)라고
하였다.

7월에 이색李穡과 조민수曺敏修를 귀양지에서 불러오도록 임금께 밀계密計를
올리다.

　당시 이성계 일파인 사인舍人 조박趙璞과 좌사의左司議 오사충吳
司忠 등이 '윤이尹彝·이초李初의 사건'으로 귀양 가 있던 이색李穡과

조민수曹敏修 등에게 추가로 죄를 다스릴 것을 상소했을 때 조정의 신하들이 겁을 먹고 감히 아무도 말도 하지 못하고 있었는데 선생이 임금께 밀계密計를 올려 귀양지에서 그들을 불러오도록 하였으니, 이색 등의 방면에는 선생의 힘이 컸다.(「舊碣遺字」, 「墓碣銘并序」, 「追述遺事」)

전해(1389)에 야은冶隱 길재吉再는 이성계가 위화도회군을 한 뒤 '폐가입진廢假立眞'의 명분 아래 우왕禑王에 이어 창왕昌王까지 폐위廢位한 뒤 공양왕恭讓王을 세우는 것을 보고 관직을 버리고 고향인 선산善山 해평海平으로 돌아갔다. 당시 부림은 의흥현義興縣에 속했는데, 의흥현이 선산의 속현屬縣이었으므로 야은과 선생은 같은 고향 출신이다.

1391년(辛未, 공양왕 3) 26세

포은이 선생을 한림원翰林院에 추천하였으며, 임금의 지극한 사랑으로 단계를 밟지 않고 정4품직인 문하사인門下舍人에 오르다.

피자휴皮子休는 일찍이 「행장」에서 "공은 젊은 나이에 문장이 훌륭하고 덕망이 높아서 함께 급제한 사람들 중에서 뛰어났으니, 조정 내에서도 추앙을 받았다. 임금님께서 지극히 사랑하시어 차례를 밟지 않고 한림학사翰林學士를 제수除授하심에 문하사인門下舍人에 올랐다"라고 적고 있다. 당시 포은이 문하시중門下侍中으로 있었다.

1392년(壬申, 공양왕 4) 27세

2월 이성계 일파의 정치적 세력이 더욱 강화되고 신왕조를 세우려는 야욕이 노골화되자 후일을 도모하기 위해 병을 핑계대고 귀향하다.

선생은 귀향하는 마음을 「사회寫懷」와 「귀전음歸田吟」에 담아내었는데, 이와 더불어 허조許稠에게 증별하며 써 준 시 「증허사간조贈許司諫稠」를 보면 "나라 지킬 사람 없어 이별 자리 슬프고, 임 도울 재주 없어 부끄럽기 그지없네. 떠나는 이 자리서 은근한 나의 뜻은, 나라를 바로잡아 태평성세 이룸일세"라고 말하고 있어, 귀향의 이유가 단순히 벼슬길에 염증을 느껴 전원에 숨어 살기 위한 것이 아니라 모종의 일을 도모하기 위한 것이었음을 알 수 있게 한다.

선생이 떠날 때 포은이 소식을 듣고 "득지득지得之得之"라고 말하다.

이것은 "득지가 뜻을 얻었도다!"라는 뜻으로 선생이 귀향하는 뜻을 높이 사면서 자字를 가지고 찬탄하여 말한 것이다.

고향으로 돌아온 뒤 포은이나 야은과의 관계를 일체 숨긴 채 도연명의 행적을 좇았지만 포은과 은밀하게 소식을 주고받으며 귀향하다.

당시 선생과 포은이 서로 주고받은 친필 서신이 1916년 한성漢城 홍병훈洪炳勳의 댁에서 발견되었는데, 그 내용을 보면 낙향할 당시 두 사람은 근황을 서로 전하며 모종의 일을 도모하였음을 알 수 있다. 피자휴는 「행장」에서 "조정의 정치가 날로 그릇되고 정세가 더욱 어지러워지자 공은 귀향을 결심하고 병이라 일컬으며 물러났다. 율리栗里의 고향집으로 돌아온 공은 벼슬의 뜻을 버리고 정성을 다해 부친 진사공을 봉양하면서 그 실호室號를 경재敬齋라 했다"라고 적었다. 또 박천우朴天祐는 「추술유사追述遺事」에서 "선생 마을은 옛날 이름이 대식大食(한밥) 또는 대야大夜(한밤)였는데, 선생이 대율大栗(한밤)이라 고치고 작은 집 한 채를 지어 경재敬齋라는 현판을 걸었다. 그리고 대문 앞에 손수 버드나무 다섯 그루를 심고 도연명陶淵明의 시를 애송愛誦하였는데, 달 밝은 밤이면 바로 앉아 그 시를 읊으니 소리와 운치가 비장했다"라고 적었다.

4월 김진양金震陽이 상소를 올렸다는 소식을 듣고 탄식하다.

3월 이성계가 해주海州지방에 사냥을 나갔다가 크게 부상당하는 일이 일어나자 4월에 김진양金震陽이 이 기회를 틈타 이성계 일파를 제거하기 위해 상소를 올렸는데, 이 소식을 전해들은 선생은 그가 곧 죽게 될 것이라고 탄식하였다. 실제로 김진양은 이 일로 귀양 가서 얼마 후에 죽었다.

4월 포은이 선죽교에서 피살되었다는 소식을 듣다.

포은이 이성계의 문병問病을 다녀오는 길에 이방원李芳遠의 부하 조영규趙英珪에 의해 선죽교善竹橋에서 피살되었다는 비보를 접하고 선생은 이제 "사람도 죽고 나라도 망하는구나"라고 탄식하며 깊은 실의 속에서 나날을 보내었다.

7월 17일 곡기를 끊은 지 13일 만에 자진순절自盡殉節하다.

　포은이 선죽교에서 화를 당했다는 비보에 이어 이성계에 의해 곧 새 왕조가 선다는 소식을 들은 선생은 7월 4일부터 곡기穀氣를 끊었고, 13일 째인 17일 사시巳時에 마침내 자진순절自盡殉節하였다. 향년 27세였다. 선생이 순절하기 전날 고려가 망하고 조선이 섰다. 채제공은「묘갈명墓碣銘」에서 "얼마 후에 포은의 장壯한 비보悲報를 듣고 '사람도 죽고 나라도 망하는구나' 하고 이로부터 슬픔에 잠겨 병석病席에 눕고 반 달 만인 7월 17일 새벽에 갑자기 일어나서 "지난 밤 꿈에 태조대왕을 보았으니 나는 오늘 죽을 것이다" 하시며 사당祠堂에 배알拜謁하고 아버님 진사공에게 문안 드리고 북면사배北面四拜하시어 "신은 나라와 함께 몸을 마치나이다" 하시고 의관衣冠을 정제하고 조용히 운명하시니 그때 나이가 27세였다"라고 적었다.

선생은 스물일곱 젊은 나이에 순절殉節하며 유언과도 다를 바 없는「가훈시家訓詩」를 남겼다.

외삼촌인 문화공文和公은 선생을 조상弔喪하며 "구슬 같은 자질에 얼음 같은 깨끗한 지조, 그대의 지혜는 밝게 앞일을 살폈고 학문은 뒷사람들의 규범이 될 만하다"라고 하였다.

9월 부계면缶溪面 동쪽 시현市峴 간좌지원艮坐之原에 장사지내다.

　배配는 흥양위씨興陽韋氏 상공相公 신철臣哲의 따님이며, 아들 재명在明을 두었다.

1393년(태조 2, 몰후 1년)
피자휴가 「행장」을 짓다.

7월 조산대부朝山大夫 사헌부감찰司憲府監察 피자휴가 선생의 「행
장」을 지었다. 피자휴는 선생과 같은 때에 급제하였다.

1400년(정종 2, 몰후 8년)
허조許稠가 선생 시집의 「서序」를 짓다.

8월 예조참의禮曹參議 허조가 선생의 시집詩集에 「서序」를 지었
다. 허조는 하양河陽 사람으로 선생과 같은 때에 문과 급제하였으
며, 시호는 문경文敬이다.

임진왜란(1592) 이전
묘비를 세우다.

묘비墓碑를 세운 시기와 묘갈墓碣의 찬자撰者는 정확히 알 수
없으며, 묘갈의 유자遺字가 남아 있다. 뒷날 이만운李萬運이 「구갈
발舊碣跋」을 지었다.

1649년(인조 27, 몰후 257년)
용재서원湧才書院을 창건하고 선생을 배향하다.

용재산湧才山 기슭(陽山 근처로 추정)에 용재서원湧才書院을 세우고
선생을 배향配享하였다. 이후 이건移建하였으며, 폐훼廢毁 시기와
이유는 정확히 전하지 않는다.

1711년(숙종 37, 몰후 319년)
율리사를 창건하고 선생을 배향하다.

용재서원 옛터에 율리사栗里祠(栗里社)를 창건하고 선생을 배향
하였다. 영조 때인 1742년 국령國令에 의해 훼철되었다.

1771년(영조 47, 몰후 379년)
채제공이 새로이 묘갈명을 짓고 묘비를 세우다.

번암樊巖 채제공蔡濟恭이 새로 묘갈명墓碣銘을 짓고 묘비墓碑를
세웠다. 번암은 「묘갈명병서墓碣銘幷序」에서 "고려高麗의 국운國運
이 다함에 야은冶隱은 가셨고, 포은圃隱은 죽으셨고, 목은牧隱은
절개를 지켜 몸을 바치셨으니 그 의義를 행行하는 방법은 각각
다르나 나라를 위하여 몸을 바침은 다 같은 것이다. 경재敬齋
홍공洪公은 그 자취를 감추시고 뜻을 숨겨 세상에 알리고자 아니
하였으므로 당시 군자君子들이 공公을 삼은三隱의 열列에 두었으니
어찌 근거 없는 논평論評이리요"라고 적었다. 이후 선생을 포은이
나 야은과 함께 든 문자가 수갈시운竪碣時韻의 차운시次韻詩와
기문記文, 봉안문奉安文, 발문跋文, 상량문上樑文, 상소문上疏文 등
수많은 곳에서 발견된다. 이러한 문적文跡을 남긴 유현儒賢들로는
대산大山 이상정李象靖과 소산小山 이광정李光靖, 천사川沙 김종덕金
宗德, 광릉廣陵 이만운李萬運, 낙파洛坡 류후조柳厚祚, 긍암肯菴 이돈우
李敦禹, 척암拓菴 김도화金道和 등이 있다.

1783년(정조 7, 몰후 391년)
세덕사世德祠를 창건하고 선생과 함께 허백정虛白亭 홍귀달洪貴達, 우암寓菴
홍언충洪彦忠 3선생을 합향合享하다.

1786년(정조 10, 몰후 394년)
12월 28일 세덕사를 양산서원陽山書院으로 승호陞號하고 3선생을 합향하다.

1794년(정조 18, 몰후 402년)
양산서원에 대한 사액청원소賜額請願疏를 올리고, 이듬해 예조禮曹에 정문呈文
을 올리다.

1797년(정조 21, 몰후 405년)
선생의 시호諡號를 청하는 상소를 올리다.

1826년(순조 26, 몰후 434년)
『경재선생실기敬齋先生實紀』를 초간初刊하다.

　이때 간행된 『경재선생실기敬齋先生實紀』는 각판 73판에 보판
5판의, 총합 78판으로 된 단권單券이다.

1868년(고종 5, 몰후 476년)
대원군大院君의 전국적인 서원훼철령書院毁撤令에 따라 양산서원이 훼철되다.

1916년(몰후 524년)
친필 서신인 「상포은선생서上圃隱先生書」와 포은의 「답서」가 발견되다.

한성 홍병훈洪炳勳의 댁에서 친필 「상포은선생서上圃隱先生書」(洪
魯)와 포은의 「답서答書」가 발견되어 부림홍씨缶林洪氏 한밤 문중에
서 입수한 뒤 1920년(庚申)『경재선생실기敬齋先生實紀』를 중간重刊할
때 전사轉寫하여 실었다.

1920년경
선생의 친필이 포함된 「백원첩白猿帖」이 발견되다.

1920년경 「백원첩白猿帖」이 발견되어 부림홍씨 한밤문중에서
입수하여 보관해 오다가, 1976년『경재선생실기역편敬齋先生實紀
譯編』을 펴낼 때 권두卷頭에 전사轉寫하여 실었다.

1927년(몰후 535년)
군위군 효령면 매곡리 수동壽洞에 수산서원壽山書院을 창건하고 포은圃隱과
선생을 합향하다.

1948년(몰후 556년)
척서정陟西亭을 양산폭포 옆으로 이건移建하여 선생의 갱장지소羹墻之所로
삼고, 구 척서정은 양산서당陽山書堂으로 개편改扁하여 선생의 추모지소追慕之
所로 삼다.

1964년(몰후 572년)
선생의 유허遺墟에 유허비를 세우다.

　유허비의 전면에는 "高麗門下舍人敬齋洪先生遺躅"(고려 문하사
인 경재 홍선생의 유적지)이라고 적혀 있고, 후면에는 "首陽白日,
栗里淸風"(수양산의 白日이요, 율리의 淸風이로다)이라는 글에 이어
그 아래에 "壬申七月十七日是日麗亡之翌日"(임신년 7월 17일, 이날은
고려가 망한 다음날이다)이라고 적혀 있다.

2011년(몰후 619년)
『경재선생실기』 목판木板을 한국국학진흥원에 기탁하다.

　12월, 200년 가까이 양산서원陽山書院(陽山書堂)에서 보관해 오던
『경재선생실기敬齋先生實紀』・『(목재선생가숙)휘찬여사(木齋先生
家塾)彙纂麗史』(木齋 洪汝河)의 목판木板을 학술발전과 영구보전을 위
해 한국국학진흥원에 기탁, 이관하였다.

2015년(몰후 623년)
양산서원을 복원하고 위패를 환안還安하다.

　정부의 지원을 받아 3년가량의 공사 끝에 양산서원陽山書院을
복원하고 이전에 있던 경재敬齋 홍로洪魯와 허백정虛白亭 홍귀달洪
貴達, 우암寓菴 홍언충洪彦忠 3선생의 위패를 환안還安함과 동시에
목재木齋 홍여하洪汝河와 수헌睡軒 홍택하洪宅夏 선생을 추가 배향
하였다.

한국국학진흥원에 기탁, 보관 중이던 경재의 실기가 유네스코
세계기록유산에 등재되었다.

후손 철학박사 계명대 교수 홍원식洪元植 삼가 짓다

2. 문광공 허백정 홍귀달

문광공 신도비명 병서[文匡公神道碑銘幷序]

원제: 유명조선국 증숭정대부 의정부좌찬성 겸 지경연사 행정헌대부 의정부 좌참찬 겸 동지경연사 예문관대제학 홍문관대제학 지춘추관사 의금부사 성균관사 증시문광공 홍공 신도비명 병서[有明朝鮮國贈崇政大夫議政府左贊成兼知經筵事行正憲大夫議政府左參贊兼同知徑筵事藝文館大提學弘文館大提學知春秋館事義禁府事成均館事贈諡文匡公洪公神道碑銘幷序]

숭정대부崇政大夫 의정부좌찬성議政府左贊成 겸兼
지경연사知經筵事 예문관대제학藝文館大提學
홍문관대제학弘文館大提學 지성균관사知成均館事
남곤南袞 지음

嘗聞, 國家太平之世, 和淑之氣鍾而, 爲人則必其容偉然, 其器廓然, 其抱負弘而大, 其樹立卓而遠. 若此者世未嘗無有, 而率亦未之多焉. 其幸而奮庸於時則, 端委廟堂使君爲明聖之主, 民獲仁壽之生, 如其不幸則, 辱於囚奴夭閼於刑戮, 亦不辭焉. 求之於古則, 陳

有曳大夫而, 春秋記其死, 趙有寶鳴犢而, 仲尼爲之操. 我朝鮮則,
贊成公其人也. 公生於正統戊午, 實我世宗致太平之後. 長而得君,
又如光宣兩朝, 玆豈非所謂幸歟. 而十數年間, 事乃大謬卒罹, 禾關
之禍, 夫豈獨其身之不幸歟. 將治亂有數, 天亦莫之懟歟. 有志之士,
莫不流涕.

公之孤彦昇等, 撰次言幸履歷爲一狀, 抵余曰, 葬先君有年, 等欲
豎神道碑, 子盍爲銘. 衮泣曰, 吾忍銘之哉, 公之名入國史垂諸宇宙,
掌編摩者, 必來徵焉, 吾敢銘之哉. 第以久遊門下, 見聞粗備, 苟可
以名公之德業者, 不宜强辭, 謹稽顚末而, 爲之言曰,

洪氏, 出嶺南缶溪, 其後世, 移于咸昌, 遂爲縣人. 有諱淳, 登第, 官
至司宰監, 於公爲曾祖. 監生諱得禹, 贈嘉靖吏曹參判, 於公爲祖.
參判生諱孝孫, 贈資憲兵曹判書, 於公爲考. 判書娶安康盧氏女, 生
公於羊積里. 幼有異質, 聰明穎秀, 力學不怠, 家無書每從人借, 讀
必成誦乃還之. 識者咸異焉. 及長, 登己卯進士, 又登辛巳親策科第
三名, 主司者得其劵喜曰, 他日傳吾家衣鉢者, 必此子也. 初試三館
職, 歷藝文奉敎侍講院說書, 成化丁亥李施愛之叛, 世祖命許琮討
之, 選公爲僚佐, 公上贊元戎, 下理部伍, 左酬右應, 悉合機宜. 事平,
以功超拜工曹正郎兼藝文應敎, 國家必兼以將典文衡者選也, 轉
藝文校理餘仍兼帶遷司憲掌令. 言事切直, 一時疏箚, 皆出其手. 以
事遞授成均司藝吏部, 擬授永川郡守, 徐文忠居正啓曰, 某宜於文
翰, 不可外補, 特授藝文典翰兼弘文典翰. 成宗將幸松都時, 相請以
女樂隨之, 公入侍夜講, 極陳不可, 上愕然改容曰, 幾乎失矣, 命停

之. 俄陞直提學, 擢承政院同副承旨, 次陞都承旨, 己亥秋出而監司
忠清道, 以疾而遞尋, 特授嘉善階參判刑曹, 移漢城右尹. 辛丑夏,
奉使賀千秋節. 先是, 遼陽移西站路, 於外國人進朝, 率給一日之頓
過, 是則雖疾病潦雨, 絶不復餽 行李受窘者非一. 公與書狀官申從
濩, 上書禮部陳其狀, 禮部重之上奏, 蒙準, 進朝者, 至今賴焉. 使還
義州, 聞外憂奔赴, 癸卯服除. 甲辰夏參判吏曹, 秋特授嘉靖階, 出
按江原道. 乙巳秋, 遞還再參判刑曹. 丙午秋, 以親老乞, 外尹慶州
府, 己酉春任滿, 以大司憲召還謝恩纔訖, 聞內艱 奔赴, 辛亥春服
除. 秋, 拜成均大司成, 慨然以興起斯文自任, 因材命業, 訓勵多方
遠方韋布, 聞風雲集, 願一經指授者動以百數. 大提學魚公世謙, 以
喪解職上, 難其代虛位, 有月朝望, 咸屬於公, 壬子春, 進階資憲, 以
知中樞兼之, 轉議政府右參贊, 移判書吏曹, 兼帶如故, 適有赴京之
命, 公素患風疾, 至是發劇, 上箚停免. 法司劾以憚避, 見罷. 甲寅夏,
以判戶曹, 起之 兼同知經筵知春秋館事. 是年冬, 成廟禮陟, 以三都
監提調管, 護玄宮事, 仍增秩正憲. 喬桐主初立乙卯夏, 王行人來錫
命, 以公爲遠接使, 旣而入政府再爲右參贊, 復兼大提學, 俄陞左參
贊兼帶如故. 戊午以來, 國家多事, 臺諫屢以言事見挫, 公憂之, 乃
上疏屢千言, 其略曰, 人主無所於屈, 惟屈於臺諫而己, 屈而從其言,
使治道高出百王則, 所謂暫屈而永伸也. 又諫畋遊曰, 近者, 內則電
雹示灾, 外則戎狄構患, 宜上下交修, 以弭 灾消患 爲務. 獵獲雖曰
奉宗廟, 今之被殺擄者, 皆先王先后之赤子也. 赤子被殺擄而, 子弟
不之恤顧, 欲以獵獲致孝則, 親其享之乎. 舊例開閤受講, 講畢, 臺

諫先起論事, 弘文館繼之, 自餘入侍者必待顧問, 乃言言之, 亦不甚
力而曰, 事體當然. 公獨奮曰, 人臣有懷, 必達盡言無諱而已, 吾不
知事體爲何物. 每入侍必移晷論啓, 主壓之. 又進十條疏, 皆宮禁秘
事, 反覆開諷, 語甚直切, 主益不平. 會有告, 某通簡行私者, 主即下
其事, 仍奪經筵提學參贊等官, 左授閑散職. 弘文館箚子曰, 過微罰
重, 非所以待大臣, 況文衡之任, 非人人所宜, 據請復之. 主愈怒, 居
數年, 出爲京畿監司, 公黽勉就職. 有內嬖家, 數以非道干請不得願,
遂搆譖於主, 羅織他事, 擇惡地流于慶源府. 公與家人訣曰, 我是咸
昌一田卒, 致位宰相, 成亦自我, 敗亦自我, 亦復何恨, 怡然就道. 尋
令逮赴京獄, 行到端川, 承命官馳至授一策書, 公開覽從容, 神色不
亂, 遂就害. 實弘治甲子之六月二十二日也, 年六十七.

嗚乎, 公於物, 無所留意, 惟耽嗜書籍. 夜以繼晝, 未嘗知倦, 爲文
章優游有裕, 汪洋自肆, 率以適意爲宗. 成化丙申春, 祁戶剖順奉詔
而來, 與館伴徐文忠相唱酬, 往復發揮, 略不相輸, 祁欲以多窮之,
作登樓賦, 無慮六十餘韻. 公代文忠, 立次其韻, 祁贊賞良久, 附皇
華集中. 自是, 聲華益振, 世之求碑碣者, 與夫修刱沿革欲得題識以
垂不朽者, 皆走公門, 凡有所適得公一語, 以道其行則, 充然自謂榮
幸. 至於寫景寓懷長篇短什散落世間者, 無不膾炙人口. 性和而, 有
容人, 無賢不肖, 接之諄諄, 不見畦畛, 至或以非義干之, 確然終不
可動. 王行人性峭峻於人, 少許可, 見公, 忻然如素交, 其後, 遇東人
入覲者, 必問公消息.

有第在南山下, 就高燥葺茅爲亭, 扁曰虛白, 每公退, 幅巾藜杖,

嘯詠其中, 蕭然若遺世者. 自罷政之後, 益不喜人間事, 嘗有詩云,
山雨松風亦厭紛. 然而, 一時朋舊, 慕昂風采, 輪蹄沓集, 公又驩然
相對, 開樽放懷, 或投壺賦詩, 終日善謔, 見者不知其爲黃閣之貴.
平生與人無睚眦, 雖聞惡言, 他人所不可忍者, 亦不與校, 獨於國事
有可言者, 未嘗容默. 子弟或諫曰, 大人何不少忍, 爲百口計, 公曰,
吾受累朝恩厚, 年且老, 雖死何惜, 終不爲之改.

夫人金氏, 商山大姓, 洛城君先致之後, 司正淑貞之女. 賢而有婦
德, 克承公志, 內外親無遠邇, 一撫以恩, 昆弟之子窮而無歸者, 館
而昏嫁之. 及公之謫, 病心怔, 先公三月而終, 享年六十二. 有五男
二女, 男曰彦弼, 有能詩聲而夭, 曰彦昇, 由進士補繕工奉事, 曰彦
邦, 登壬戌第, 今爲弘文博士, 曰彦忠, 登乙卯第, 今爲成均直講, 曰
彦國, 成均進士, 壻曰, 高克亨, 廣興奉事, 曰柳希淸, 順陵參奉. 公之
北謫也, 四子皆連坐, 遠配海島, 從公者惟僮僕數人而己. 加以主令,
方虐人無收視者, 身後之事, 益可痛惜. 及聖廟中興, 加恩區內凡在
廢朝罪籍者, 悉許甄錄, 仍贈公一品爵, 特致賻祭, 太常諡曰文匡.
彦昇等, 自海島馳赴端川, 扶櫬而南, 以丁卯三月十三日, 窆于夫人
塋之右. 公諱貴達, 字兼善, 惜乎, 有其德有其行而, 不得其壽也. 塋
在咸寧縣東錢村里坎坐離向之原. 其銘曰,

　崇嶺之南, 太白以西, 爭流競秀, 絶類會稽,
　産良毓瓖, 蔚爲璋珪, 睦睦洪公, 正直自齎,
　覆簣基仁, 遠自缶溪, 再世不振, 隱於耕犁,
　積德之興, 實公是徯, 聰明穎異, 始於孩提,

服靡寄衷, 行不徑蹊, 下帷鑿壁, 朝鹽暮虀,

學問日贍, 何待提撕, 汪汪萬頃, 莫究端倪,

黼黻五色, 光射璧奎, 升于公朝, 玉堂金閨,

出典方岳, 惠彼羣黎, 入秉銓衡, 世倚高低,

端弁委珮, 象笏是攜, 鞠躬朝著, 進退祁祁,

憂國憂民, 髮皓色鮺, 屈心苟順, 勞甚夏畦,

軒冕在身, 視猶塗泥, 在昏而曠, 風雨鳴雞,

如山有虎, 衛彼藿藜, 如川將潰, 隻手爲隄,

命運蹇否, 事乃乖暌, 明夷入腹, 錦成菲妻,

直躬自許, 臨穽見擠, 楡塞漫漫, 行邁棲棲,

去國萬里, 訣子與妻, 一朝雉經, 天道終迷,

羈魂靡訴, 九關誰梯, 中興需澤, 聿應望霓,

宥厥流徙, 完彼割刲, 絜牢以祀, 繭角奎蹄,

爵命又加, 崇品其躋, 哀哀棘人, 奔走號蹄,

扶柩以返, 行路爲悽, 爰就故邦, 爰卜龜蠵,

鬱鬱錢村, 有阜臨谿, 同兆以窆, 夫婦乃齊,

我撰蕪詞, 泚血以題, 萬世在後, 罔或缺兮.

嘉靖十四年四月日 男進士彦國書

일찍이 듣건대 국가가 태평을 누리는 세상에 온화하고 정숙한
기운이 어려서 사람이 나면 반드시 그 용모는 위인답고 그 기국은
확 트이며 그 포부는 넓고 크며 그 계획 세움은 뛰어나고 원대한

법이다. 이와 같은 사람은 세상에 없지 아니하나 대개 그 수가 많지 아니하다. 그런 사람이 있어 다행히 한 시대에 우뚝이 쓰이기만 하면 단정히 조정에 앉아 임금으로 하여금 현명하고 성스러운 군주가 되게 하고 백성들이 장수를 누리는 생활을 할 수 있도록 할 것이며, 만일 불행히 감옥에 갇히어 뜻을 펴지 못하고 죽음을 당하는 한이 있다 하더라도 자신의 책무를 마다하지 아니할 것이다. 그런 분을 옛날 역사에 찾아보면, 옛 중국 진나라에 설대부가 있었으니 춘추에서 그 죽음을 기록했으며, 조나라에 두명독이 있었으니 공자께서 그를 지조가 있다고 했다. 우리 조선에 그런 분을 찾아보면 찬성공이 그러한 분이다. 공께서는 정통 무오년에 태어났으니 그때는 세종대왕이 태평시대를 이룬 뒤였다. 성장하여 임금을 만남에 또한 광선(중국 연호) 양조의 어두운 세상을 비추어서 밝히고 선정을 베풀어 덕화를 이룬 경우였으니, 이 어찌 다행함이 아니겠는가. 그러나 십수 년간은 일이 잘못된 시대라 마침내 뜻을 펴지 못함의 화를 만나게 되었으니, 어찌 그 자신만의 불행이었겠는가? 장차 치란의 운수가 있어 하늘도 가엽게 여기지 않았던가? 뜻이 있는 선비들은 눈물을 흘리지 아니한 사람이 없었다.

공의 아들 언승 등이 공의 언행과 이력을 엮어 한 편의 행장을 지은 다음 나에게 와서 말하기를 "선친의 장례를 치른 지 이미 여러 해가 지났는지라 우리들이 신도비를 세우고자 하는데, 그대가 비명을 지어 주겠는가" 하였다. 나는 울면서 말하되, "내 어찌 차마 비명을 지을 수 있으리요. 공의 명성은 이미 국사에 실려 있고 온 세상에 널리 알려져 있는지라, 그에 관한 자료를 갖고 있는 사람들이 반드시 와서 따질 터이니 내 어찌 감히 비명을 지을 수 있겠는가" 하였다. 그러나 나는 오랫동안 공의 문하에 있으면서 직접 보고 들었으니, 진실로 공의 덕업에 관한 내용이라면 굳이 사양할 수도 없었다. 때문에 삼가 그 전말을 상고하여 비문을 짓기로 하였다.

홍씨는 영남 부계에서 나서 그 뒤 함창으로 옮겨가 드디어 함창현 사람이 되었다. 누대를 지나 휘 순이 급제하여 관직이 사재감에 이르렀는데 그분이 바로 공의 증조부시다. 순의 아들 득우는 가정 이조참판에 증직되었으며, 참판이 효손을 낳으니 증 자헌대부 병조판서로서 공의 부친이시다. 효손은 안강노씨의 따님과 결혼하여 양적리에서 공을 낳았다. 어려서부터 특별히 자질이 총명하고 영민하여 학문을 닦음에 게을리 하지 않았다. 집이 가난한 탓에 책을 구할 수가 없어 항상 남에게 빌려 읽되, 반드시 외운 다음에야 돌려주니 그를 아는 사람들은 모두 특별하게 여겼다. 성장한 뒤 기묘년에 진사과에 급제하고, 신사년 친책과에 3등으로 합격하니, 고시관들이 그 과거시험 답안지를 얻어 보고 기뻐하면서 말하기를 뒷날, 우리 집안의 의발(전통)을 계승할 사람은 이 아들이라고 하였다. 초시 삼관직을 거쳐 예문관봉교와 시강원설서 벼슬을 역임하였다. 성화 정해년에 이시애가 반란을 일으키자 세조께서 허종을 명하여 토멸하게 하고 공을 보좌관으로 임명하였는데, 공이 원수에게 찬을 올려 부오를 다스리게 하니 왼쪽으로 거들고 오른쪽으로 응수하는 모든 것들이 기회에 부합되었다.

사건이 평정되고 공을 세워, 공조정랑과 예문관응교 벼슬을 겸직하니 국가는 장차 문형을 맡을 사람을 선발함에 예문관교리로 전직된 후 겸해서 사헌부장령 벼슬에 옮겼는데, 말과 일이 절실하고 정직하여 한때 임금께 소차한 올린 글은 모두 공에 의해 지어졌다. 어떤 사건으로 성균사예에서 교체되어 이조에서 영천군수로 발령하니, 서거정이 계를 올려 말하되 "홍모는 문한을 담당하는 데 적합한 인물이기 때문에 외직으로 발령하는 것은 옳지 않다" 하였다. 그래서 특별히 예문관전한 겸 홍문관전한에 제수되었는데, 성종이 송도에 행차할 때 재상들이 기녀들을 수반하기를 청함에 공이 야강 때 그 불가함을 극간하였다. 임금이 깜짝 놀라 얼굴을 붉히면서 "내가 실수할 뻔하였다" 하고 곧 그만두도록 하였다. 머지않아 직제학에 올라 승정원동부승지로 발탁되었으며, 기해년 가을에 외직으로 나가 충청도감사가 되었으나 신병으로 교체되어 특별히 가선대부의 위계인 형조참판에 제수되었다가 다시 한성우윤으로 옮겼다.

신축년 여름에 사신으로 천추절을 축하하기 위해 먼저 요양으로 들어가 서참로로 옮겨가는데, 외국인이 명나라로 들어갈 때는 하루치 양식만을 배급받으니 혹 질병에 걸리거나 빗길에 막히는 경우는 절대로 다시 짐바리를 보내지 못하게 되므로 어려움을 당하는 사람이 한둘이 아니었다. 이에 공이 서장관 신종확과 함께 예조에 글을 올려 그 진상을 진정함에 상주가 받아들여지니, 조회에 가는 사람이 지금까지 그 편의의 덕을 보고 있다. 사행을 마치고 의주에 돌아와 아버님이 별세했다는 소식을 듣고 빈소로 달려갔으며, 계묘년에 복을 벗었다. 갑진년 여름에 이조참판이 되고, 그해 가을에 가정대부의 품계에 제수, 강원도에 부임하였다. 을사년 가을에 돌아와 다시 형조참판에 복직되었다가 병오년 가을에 모친을 봉양하기 위해 외직을 요청, 고향이 가까운 경주부 윤으로 나가 임기를 채웠고, 대사헌으로 보임되기도 전에 모친상을 당해 고향으로 돌아와서 신해년 봄에 복을 벗었다. 가을에 성균관대사성에 올라 개연히 학문을 일으켜 재주에 따라 학업을 하게 하고 다방면으로 훈계 격려하니, 먼 곳의 선비들이 소문을 듣고 구름같이 몰려들어 한 번의 가르침 받기를 원하였다.

대제학 어세겸이 상을 당해 해직한 후 임금이 그 자리를 대체할 사람을 찾지 못해 몇 달을 그냥 지내고 있을 때, 조정 평론이 모두 공이 그 자리에 임명되기를 희망하였다. 임자년 봄에 자헌대부로 승진됨에 지중추 벼슬을 겸하였고 의정부우참찬으로 전직, 다시 이조판서로 옮겼으나 직급은 지난번과 같았다. 그때 서울로 올라오라는 영이 있었는데 공께서 본래 풍질을 앓은바 이때 더욱 심하여 글을 올려 면직을 원하니, 사헌부는 공이 관직을 꺼리고 피한다는 이유로 탄핵하였다. 그러나 갑인년 여름 호조판서가 되고 동지경연춘추관사를 겸직하였으며, 그해 겨울에 성종이 돌아가심에 삼도감제조관으로 현궁에 관하여 호위하는 일을 관장하였고 정헌대부에 올랐다.

연산군이 처음 왕위에 오른 을묘년 여름에 중국 사신 왕행인이 올 때 공은 원접사에 임명되었으며, 일이 끝나자 조정에 다시 들어가 우참찬이 되어 대제학을 겸직하고 얼마 뒤 좌참찬에 올랐으나 겸직은 전과 같이 하였다. 무오년 이후로는 국가에 많은 사건이 일어나 대간이 여러 번 언론으로 인해 화를 입음에 공께서 근심하여 상소를 올렸는데, 올린 글을 요약하여 보면 "임금은 굴복할 사람이 없지만 오직 굴복해야 할 사람은 대간일 뿐이니, 굴복하여 그 말을 따름으로써 정치를 전대의 왕들보다 더 뛰어나게 한다면 그것은 잠시 굴복하여 영원히 신장하는 것입니다"라고 하였다. 또 수렵의 잘못을 직간하기를, "근래에 안으로는 천둥이 치고 때 아닌 우박이 내리며 밖으로는 오랑캐들이 국방을 위협하니, 마땅히 상하가 함께 정신을 가다듬어 재앙을 없애고 외환을 없애는 것이 급선무이옵니다. 수렵하는 것이 비록 종묘의 제사를 받들기 위함이라 하나, 지금 오랑캐에게 피살되고 포로가 되는 것은 다 선왕 선후의 백성들입니다. 백성들이 피살되고 포로가 되는데도 그 선왕의 아들이 그 백성들을 불쌍히 돌보지 않는다면, 수렵으로 짐승을 잡아 종묘에 제사를 지낸들 선왕들의 영혼이 그 재물을 흠향하리까?"라고 하였다. 그러면서 옛날의 예를 펼쳐 보이면서 강의를 하였다.

강의를 마치면 대간이 먼저 일어나서 사회를 하고 홍문관이 이어 말한 뒤 입시자들은 반드시 고문을 기다려 말을 하는데, 말을 한다 해도 또한 매우 힘들어하여 하지 않거나 다만 말하기를 사체가 당연하다고 하거늘, 이때 공이 혼자 정색을 하면서 말하기를, "남의 신하된 자가 가슴에 할 말이 있으면 반드시 솔직히 털어 놓아 숨김이 없게 해야 할 따름이다. 나는 저들이 말하는 사체가 무엇을 뜻하는지 모르겠다" 하였다. 그리고 경연에 들어가 임금님에게 강의를 할 때마다 밤이 깊도록 교훈될 말을 하니 임금이 싫어하였다. 또 열 가지 조목을 들어 말함에 다 궁중의 비밀스런 일을 반복하여 비유한 내용이었으니, 그 논조가 매우 적절하였지만 임금은 더욱 마땅치 못하게 여겼다. 그때 누가 고하기를 "아무개는 사적인 일로 사리를 취하는 자"라고 함에, 연산군은 곧 그 일을 들어 경연, 대제학, 참찬벼슬을 삭탈하고 한직으로 좌천시켰다. 이에 홍문관에서 차자를 올려 "허물이 적은데 무거운 벌을 내림은 대신을 대하는 도리가 아닌데, 하물며 문형의 책임은 아무에게나 맡길 일이 아니니 청컨대 복직을 시켜야 합니다"라고 하였다. 이 말을 들은 연산군은 더욱 분노하여 수 년 후에 공을 경기도감사로 임명하였는데, 공은 감사직을 힘써 수행하였다.

연산군 측근의 아첨하는 무리들이 계속 공을 모함했으나 뜻을 이루지 못하자, 드디어 연산군에게 참소, 엉뚱하게 일을 꾸며 최악의 유배지를 택해 함경도 경원 땅으로 귀양을 보내었다. 그때 공은 가족들과 이별하면서, "나는 함창 땅 한 농부의 아들로서 벼슬이 재상의 지위에까지 이르렀으니, 성공한 것도 나요 실패한 것도 나다. 또 무엇을 한스럽게 여기겠는가"라고 하면서 태연히 길을 떠났다. 어명에 의해 경옥에 투옥되었다가 걸어서 단천에 도착하였는데, 연산군이 보낸 승명관이 달려와서 한 통의 책서를 주거늘 공은 그 책서를 펴 읽어 보더니 마음의 동요도 없이 태연한 기색으로 참화를 당하였다. 이날은 바로 홍치 갑자 6월 22일로, 향년 67세시다.

오호라! 슬프다. 공께서는 욕심내는 것도 없고, 오로지 탐을 내는 것은 서적을 좋아함이었다. 밤새도록 글 읽기를 게을리 하지 않았으며 문장을 지음에 우유하여 여유로움이 있고 왕양하여 저절로 지어지니, 언제나 품은 뜻을 적절히 펴서 문단의 조종이 되었다. 성화 병신년 봄에 중국 사신 호부 기순이 조서를 가져왔을 때 관반이었던 서거정이 그와 함께 글을 지어 겨누었는데, 글을 주고받기를 재빨리 하여 승패가 나지 않자 기순이 드디어 등루부를 짓기로 하니 그 운자가 무려 60여 자나 되었다. 공이 서거정을 대신하여 즉시 그 운자를 빌려 글을 지으니, 기순이 오래도록 칭찬하면서 공의 글을 황화집에 실었다. 이로부터 공의 명성이 더욱 알려졌다. 비문을 구하는 사람들이나 누정 등을 창건하여 연혁문을 쓸 즈음 공의 문장을 얻어 역사에 남기려는 사람들은 모두 공의 문전으로 달려갔고, 무릇 뜻대로 공이 쓴 문장을 얻어 그 행적을 일컫게 되면 흡족히 스스로 영광스럽게 여겼다. 공이 경치를 묘사하고 감회를 표현한, 세상에 알려진 장단편의 시문들은 사람에게 회자되지 아니함이 없었다. 공은 온화하고 포용력이 있어 그 누구를 막론하고 차별을 두지 아니했지만, 혹 옳지 못함을 요구하면 절대로 받아들이지 아니했다. 중국 사신 왕행인은 천성이 교만하여 남을 업신여기는 면이 있었으나, 공을 만나보고는 흔연히 오랜 친구와 같이 대했으며 이후 조선에서 온 사신을 만날 때마다 반드시 공의 소식을 물었다.

공의 집은 남산 밑에 있었는데, 높고 건조한 언덕에 띠풀로 지붕을 이어 정자를 지은 다음 허백이란 현판을 붙이고, 언제나 퇴근한 뒤에는 평민들이 쓰는 두건을 쓰고 그 허백정에 앉아 시를 읊으면서 쓸쓸히 세상을 등진 사람처럼 지냈다. 파직을 당한 뒤에는 더욱 세상일에 뜻이 없어 시를 지어 이르기를, "산비와 솔바람도 얽힘을 싫어한다" 하였다. 그러나 당시의 벗들이 공의 풍채를 우러러 사모하여 수레와 말 탄 사람이 구름 모이듯 하였다. 그러면 공은 그들을 즐겁게 맞이하여, 때로는 술을 권하며 회포를 풀기도 하고 때로는 투호와 부시로 종일을 즐기기도 하였다. 때문에 그러한 공을 보는 사람은 그가 조정의 대신인 줄을 알지 못했다. 평생 남과 더불어 다투거나 감정을 상하는 일이 없었으며, 비록 악한 말을 들었더라도 남이 참을 수 없는 것은 또한 전하지 아니했다. 그러나 오로지 국사에 있어서만은 할 말은 반드시 했다. 때문에 자제들이 혹 말씀 드리기를 "아버지께서는 무엇 때문에 조금도 참지 않으시어 남들이 비방할 기회를 주십니까"라고 하니, 공께서 말하기를 "나는 여러 임금님의 두터

운 은혜를 입었을 뿐만 아니라 나이도 늙었으니, 비록 죽는 한이 있더라도 어찌 아까울 것이 있겠는가" 하면서 끝내 그러한 태도를 고치지 아니했다.

부인 김씨는 상산의 대성 낙성군 김성치의 후손이요 사정 김숙정의 따님이시다. 어질고 부덕이 있어, 공의 뜻을 받들어 내외친척 중 누구를 막론하고 한결같이 은혜로 보살폈고, 형제의 자제들 중에 가난하여 갈 곳이 없는 사람에게는 집을 마련해 주고 결혼까지 시켜 주었다. 공께서 귀양을 가시게 되자 두려움이 병이 되어 공보다 석 달 앞서 세상을 여의니, 향년 62세이다. 5남 2녀를 두었으니, 아들 언필은 글을 잘하면지만 요사했으며, 언승은 진사를 거쳐 선공봉사요, 다음은 언방이니 임술년에 과거에 급제하여 지금의 홍문박사요, 언충은 을묘년에 과거에 급제하여 지금의 성균직강이며, 다음은 언국이니 성균진사이다. 사위 고극형은 광흥봉사이며, 유희청은 순릉참봉이다.

공께서 북쪽으로 귀양 갈 때 네 아들이 다 연좌되어 해도로 귀양 가니, 공을 따라가는 사람은 아이종 두어 명뿐이었다. 그때 는 연산군이 포악하여 아무도 공의 시신을 거두어 볼 사람이 없었으므로 별세 뒤의 일은 더욱 통석하였다. 중종반정 뒤에 나라에서 은혜를 베풀어 무릇 연산군 때 죄인 명단에 올랐던 사람들의 명예를 모두 회복시켰는데, 공에게는 일품 작위가 추증되고 특히 제사지낼 부의가 내려졌으며 태상시에서는 문광이란 시호를 내렸다. 아들 언승 등은 해도에서 나오자말자 공의 시신이 있는 단천으로 달려가 영남으로 운구해 와서 정묘년 3월 13일에 부인 묘 오른쪽에 장례를 치렀다. 공의 휘는 귀달이요 자는 겸선이다. 원통하도다! 그 덕을 갖추고 선행이 있었는데도 수는 얻지 못하였도다. 묘는 함녕현 동전촌 감좌 리향 언덕에 있다. 그 명을 지어 이르되,

조령의 남쪽이요 태백산 서쪽일세,

다퉈가며 빼난 인재 회계보다 뛰어났다.

어진 인물 낳아 구슬같이 길러, 무늬 곱기가 규장과 흡사하니,

준준하다 홍공이여 충직함을 타고 났도다.

인격을 쌓음은 인의에 기인했고, 관향이 부계에서 시작되니

왕조가 바뀜으로 더 날리지 못하고 농촌에 숨어살며,

덕을 쌓아 일으키니 공이 태어나길 기다렸던가,

총명하고 영특함은 어릴 때로부터 시작됨에,

옷은 비뜰게 입지 않고, 걸음은 지름길을 택하지 아니했도다.

창문에 장막 드리우고 아침은 염반, 저녁은 나물죽을 드시면서

학문을 닦아 나날이 풍부하니, 어찌 남의 가르침 기다렸으리요.

넓기가 바다와 같아 끝을 헤아릴 수 없고,

관복의 찬란한 색깔은 번쩍임이 규성이었도다.

조정에 오름에 옥당과 왕궁이었고,

외직에서는 방정하기 교악과 같아 은혜가 백성들에 미쳤으며,

들어와 문형을 잡자 세상은 그 처리에 의존했도다.

단정한 의관에 패옥을 차고 상아 홀 지니신 채,

조정에서 국궁하니 진퇴가 정연했도다.

나라 근심 백성 걱정, 머리는 희어지고 얼굴색은 타는구나.

마음 굽혀 순종하니 고된 마음 그지없다.

초헌차와 면류관도 진흙같이 보게 되고,

꿈속에서도 자신을 면려하여 밤새도록 근심으로 지내니

산속의 범 같으나, 위생은 오로지 여곽으로 유지시켰도다.

시대의 큰 변고에 죽음을 무릅쓰고 대처하였으나,

운명이 불행하여 일이 실패로 돌아갔도다.

폭군을 만나 유배를 당하고 비단 관복이 풀숲에 버려졌고,

충직한 몸을 스스로 지키다가 위험에 처하고 배척됨에,

유배지는 아득하고 가는 곳마다 검색을 당했도다.

서울을 떠남이 만리인지라 자식과 아내를 결별하고,

하루아침에 당한 참화 하늘도 끝내 돌봐주지 않았도다.

떠돌이 영혼은 하소연할 곳 없고 구천에는 사다리가 없었도다.

중흥의 큰 은택이 마침내 시대에 부응하여

그때 유배된 분들을 석방시키고 도륙된 분들은 복원시키니,

제수를 마련하여 제사를 지내되 견각과 규제로 하고

관작을 제수하되 공적에 따라 품계를 숭품벼슬 주었도다.

슬프다! 유배 갔던 아들들이 공의 시신이 있는 단천으로 달려가,

널을 메고 돌아오니, 길 가던 사람마저 슬피 울었도다.

고향에 돌아와 묘 터를 마련하여,

골 깊은 전촌이라 계곡 언덕 위에 향을 잡아 장례를 치르니,

내외분이 같은 무덤 나란히 세워졌네.

서툰 문장은 피를 찍어 쓴 것이니,

만년이 지난 뒷날까지 잠시라도 늑결되지 말지로다.

가정 14년 4월 일, 아들 진사 언국彦國이 쓰다

연보초[年譜抄]

1438년(戊午, 세종 20) 1세

경북 상주시 함창읍咸昌邑 여물리余物里(당시 羊積里)에서 태어나다. 자는 겸선兼善, 호는 허백정虛白亭과 함허정涵虛亭이며, 시호는 문광文匡이다. 본관은 부림缶林(咸昌派)으로 부림홍씨 10세이며, 고조는 내시사內侍史 문영文永, 증조는 사재시감司宰寺監 순정淳, 조는 증이조참판贈吏曹參判 득우得禹, 부는 증병조판서贈兵曹判書 효손孝孫, 모는 안강安康 노씨盧氏 부사직副司直 집집緝의 딸이다.

1459년(己卯, 세조 5) 22세

진사에 합격 후 이듬해 성균관에 유학하다.

1461년(辛巳, 세조 7) 24세

강릉별시江陵別試 문과文科에 급제하다.

1462년(壬午, 세조 8) 25세

승문원承文院 박사博士로 관직을 시작하다.

1467년(丁亥, 세조 13) 30세

5월 이시애李施愛가 난을 일으키자 함경도 절도사 허종許琮의
천거로 병마평사兵馬評事가 되었으며, 난을 진압한 후 군공으로
공조정랑工曹正郎을 제수 받다.

1471년(辛卯, 성종 2) 34세

『세족실록世祖實錄』 편찬에 참가한 뒤 「수사기修史記」를 남기다.

1472년(壬辰, 성종 3) 35세

전라도全羅道 안찰사按察使를 다녀오면서 시 70여 수를 지어
「남행록南行錄」으로 묶다.

1476년(丙申, 성종 7) 39세

승정원承政院 동부승지同副承旨가 되다. 이때 원접사遠接使 서거
정徐居正의 종사관從事官으로 중국 사신 기순祁順 등을 맞으면서
문재文才를 드러내다.

1478년(戊戌, 성종 9) 41세

　도승지都承旨가 되다.

1479년(己亥, 성종 10) 42세

　충청도 관찰사觀察使에 이어 형조참판刑曹參判에 오르다. 이때
남산 아래 초옥草屋을 짓고 살며 '허백정虛白亭'이라 이름 붙이다.

1481년(辛丑, 성종 12) 44세

　천추사千秋使로 중국 사행을 다녀오다. 사행을 다녀오며 많은
시를 남기다.

1484년(甲辰, 성종 15) 47세

　이조참판吏曹參判에 이어 강원도 관찰사가 되다.

1486년(丙午, 성종 17) 49세

　경주 부윤府尹이 되다. 안동 예안禮安 출신의 이현보李賢輔(호
聾巖)가 문하에 들다.

1489년(己酉, 성종 20) 52세

　사헌부司憲府 대사헌大司憲이 되다. 이해 부친상을 당하여 선고先
考를 함창 율리栗里에 장례지낸 뒤 묘소 부근에 초옥을 지어 애경당

愛敬堂이라 당호를 붙이고 시묘살이를 하며 3년상을 치렀다. 이후 선생의 후손들이 이곳을 중심으로 모여 살게 되다.

1491년(辛亥, 성종 22) 54세

부친의 3년상을 마친 뒤 성균관 대사성大司成이 되다.

1492년(壬子, 성종 23) 55세

홍문관 대제학大提學이 되어 문형文衡의 자리에 오르다.

1493년(癸丑, 성종 24) 56세

의정부議政府 좌참찬左參贊에 이어 이조판서吏曹判書를 지내다.

1494년(甲寅, 성종 25) 57세

호조판서戶曹判書로 있을 때 성종이 승하하자 삼도감제조三都監提調가 되어 국상을 주관하다.

1495년(乙卯, 연산군 1) 58세

의정부 우참찬右參贊에 오르면서 세조와 예종, 성종, 연산군 4대에 걸쳐서 관직 생활을 하다. 연산군이 정사政事를 게을리 하자 「구유생소救儒生疏」를 올리고 이듬해에 다시 「청종간소請從諫疏」를 올리자 임금의 눈 밖에 나기 시작하다.

1497년(丁巳, 연산군 3) 60세

공조판서工曹判書가 되다.

1498년(戊午, 연산군 4) 61세

무오사화戊午士禍에 연루되어 좌천되었다가 곧 의정부 우참찬
에 복직하였으며, 홍문관 대제학大提學에도 다시 올라 성종과
연산군 양대에 걸쳐 2차례 문형의 자리에 오르다.

1499년(己未, 연산군 5) 62세

「청물거간소請勿拒諫疏」와 「청파타위소請罷打圍疏」를 지어 올리
다. 왕명을 받고 성현成俔, 권건權健과 함께 『역대명감歷代明鑑』을
편찬하다.

1500년(庚申, 연산군 6) 63세

「의정부진폐소議政府陳弊疏」와 「정부소政府疏」를 올리다. 왕명으
로 권건과 함께 『속동국통감續東國通鑑』을 편찬하다.

1502년(壬戌, 연산군 8) 65세

왕명으로 윤상필尹弼商 등과 함께 『구급이해방救急易解方』을 편
찬하다.

1503년(癸亥, 연산군 9) 66세

무고로 삭직되어 경기도관찰사로 나가다.

1504년(甲子, 연산군 10) 67세

경기도 관찰사 재임 중 왕명을 가벼이 여겼다는 죄목으로 함경도 경원慶源으로 유배되었다가 취조를 받기 위해 다시 한양으로 오던 중 6월 22일 단천端川에서 교살絞殺되다. 네 아들도 이 사건에 연루되어 거제도로 유배되고, 부인은 충격으로 세상을 뜨다. 향년 67세이다. 선생의 배配는 상산尙山 김씨金氏이며, 슬하에 언필彦弼과 언승彦昇, 언방彦邦, 언충彦忠, 언국彦國 다섯 아들을 두었는데, 맏이인 언필은 일찍 죽고 언방과 언충은 문과 급제를 하여 여러 관직을 지냈으며, 언승도 진사로 거창현감을 지냈고, 언국은 진사로 재랑齋郎에 제수되었으나 나아가지 않다.

1506년(중종 원년, 몰후 2년)

중종반정으로 네 아들이 유배지에서 풀려나고, 선생에게는 의정부 좌찬성左贊成이 추증되고 문광文匡이란 시호가 내리다.

1507년(중종 1, 몰후 3년)

유배에서 풀려난 아들들이 선생의 유해를 수습하여 함창현咸昌縣 율곡栗谷(현 문경시 영순면 율곡리) 선영 아래에 안장하다.

1535년(종종 29, 몰후 31년)

신도비神道碑를 세우다. 신도비명은 홍문관 대제학 남곤南袞이 짓고, 아들 언국彦國이 글씨를 쓰다.

1611년(광해군 3, 몰후 107년)

『허백정문집虛白亭文集』을 간행하다. 우복愚伏 정경세鄭經世가 서문序文을 쓰다.

1693년(숙종 20, 몰후 189년)

출생지인 상주 임호서원臨湖書院에 표연말表沿沫, 채수蔡壽, 권달수權達手와 함께 배향되다.

1786년(정조 10, 몰후 282년)

양산서원陽山書院에 배향되다. 선향先鄕인 의흥義興 대율大栗에 1783년 세덕사世德祠가 창건되어 경재敬齋 홍로洪魯, 아들 우암寓菴 홍언충洪彦忠과 함께 배향된 뒤 3년 후 세덕사가 양산서원으로 승호陞號되다.

1843년(헌종 9, 몰후 339년)

『허백정문집』 속집續集을 간행하다. 정재定齋 유치명柳致明이 후서를 쓰다.

1979년(몰후 475년)

신도비가 경상북도 유형문화재 제122호로 지정되다.

2012년(몰후 508년)

『허백정문집』과 속집 목판을 수습하여 한국국학진흥원에 기탁하다.

2015년(몰후 511년)

양산서원이 복원되어 위패를 환안還安하다.

2015년 10월

방손 철학박사 계명대 교수 홍원식이

「행장」을 요약정리하다.

3. 우암 홍언충

묘갈[墓碣]

公諱彦忠, 字直卿, 洪氏本缶溪望族, 遠祖有諱鸞, 仕高麗顯. 皇
高祖曰淳, 登第官司宰監. 皇曾祖曰得禹, 贈嘉靖吏曹參判. 皇祖高
曰孝孫, 贈資憲兵曹判書. 皇考曰貴達, 正憲左參贊再典文衡, 道德
文章冠一世, 妣曰商山金氏, 亦大姓. 公生於成化癸巳中, 弘治乙卯,
司馬試旋捷同榜科第五名, 選補承文院副正字, 俄受弘文館正字,
次陞著作博士. 戊午秋, 以質正官朝京師還, 擬副修撰轉吏曹佐郎,
有疾而辭. 癸亥, 提校書館校理, 移禮曹正郎. 甲子, 闔門遭极丁內
外憂, 夏追錄諫宮禁事, 謫眞安縣, 冬又連坐配海島. 丙寅秋, 聖朝
中興授成均直講, 公夙嬰羸瘵, 戊辰春, 疾轉革, 三月初七日乃終,
享年三十有六, 公天性坦率不循規範, 年才弱冠, 學問大進, 文辭汪
洋靑建, 亦善隸書, 與大寧鄭淳夫, 德水李擇之, 高陽朴仲說, 相友
善, 時人謂之四傑, 號曰, 寓庵. 所著, 詩文與自挽, 行于世娶. 武班南

孫女, 生三男三女, 男長曰, 望之, 能學文, 次憐之, 次憫之, 皆不育早
沒. 壻長曰, 鄭英, 儒士也, 次崔彦浚, 軍器主簿, 亦沒, 次洪胤崔, 儒
士也. 營塋在茂林縣, 南道淵里, 嗚呼! 天既與之才器, 而不與其壽,
且舍不嗣者, 何歟? 天道汪茫忘, 不可知也.

嘉靖 十四年 四月 日 舍第 進士 彦國 撰

공의 휘는 언충彦忠이고 자는 직경直卿이다. 홍씨洪氏는 본디
부계缶溪의 망족望族으로 원조遠祖 홍란洪鸞은 고려 때 벼슬하여
현달하였다. 황고조皇高祖 홍순洪淳은 등제登第하여 사재감司宰監
을 지냈고, 황증조皇曾祖 홍득우洪得禹는 가정대부嘉靖大夫 이조참
판에 추증되었으며, 황조고皇祖高 홍효손洪孝孫은 자헌대부資憲大
夫 병조판서에 추증되었다. 황고皇考 홍귀달洪貴達은 정헌대부正憲
大夫 좌참찬左參贊인데 두 번 문형文衡을 맡았고 도덕과 문장이
일세에 으뜸이었으며, 모친 상산김씨商山金氏 역시 대성大姓이다.

공은 성화成化 계사년(1473, 성종 4)에 태어났다. 홍치弘治 을묘년
(1495, 연산군 원년)에 사마시司馬試에 합격하고 곧 동방과同榜科 제5
명으로 급제하여 승문원부정자承文院副正字에 선보選補되어 홍문
관정자에 제수되었으며, 이어서 저작著作과 박사博士로 승진하였
다. 무오년戊午年(1498, 연산군 4) 가을에 질정관質正官으로 경사京師
에 갔다가 돌아와서 부수찬副修撰에 제수되고, 이어 이조좌랑으로
천전했는데 병으로 사직하였다. 계해년(1503, 연산군 9)에 교서관교
리에 제수되었다가 예조정랑으로 옮겼다. 갑자년(1504, 연산군

10)에 집안이 화禍를 만나 내외상內外喪을 당하였고, 여름에 궁금宮禁의 일로 추복追福되어 진안현鎭安縣으로 유배되었으며, 겨울에 다시 연좌되어 해도海島로 정배되었다. 병인년(1506, 중종 원년) 가을에 성조聖朝가 중흥하여 성균직강成均直講을 제수하였다. 일찍부터 병을 앓고 있었는데, 무진년(1508, 중종 3) 봄부터 더 심해져서 3월 7일에 고종考終하니 향년 36세였다.

공은 천성이 탄솔坦率하여 규범에 얽매이지 않았으며, 약관에 학문이 크게 진보하여 문사文辭가 왕양汪洋하고 청건靑建하였다. 또 예서隷書를 잘 썼으니, 대녕大寧 정순부鄭淳夫, 덕수德水 이택지李擇之, 고양高陽 박중열朴仲說과 친하게 지내어 당시 사람들이 4걸傑이라 했다. 호는 우암寓庵이며, 지은 시문詩文과 「자만사自挽詞」가 세상에 전한다. 무반武班 남손南蓀의 딸에게 장가들어 3남 3녀를 낳았는데, 장남 홍망지洪望之는 학문에 능하였고, 다음 홍연지洪憐之와 홍민지洪憫之는 모두 소생 없이 일찍 죽었다. 큰사위 정영鄭英은 유사儒士이고, 다음 최언준崔彦浚은 군기주부軍器主簿인데 역시 죽었으며, 다음 홍윤최洪胤崔 역시 유사이다. 공의 묘소는 무림현茂林縣 남도연리南道淵里에 있다.

아, 하늘이 이미 재기才器를 주고서도 수壽는 주지 않고 또 후사後嗣가 없게 한 것은 무엇 때문인가? 아득한 천도天道는 알 수가 없다.

가정嘉靖 14년 4월 사제舍第 진사進士 언국彦國 지음

자만사[自挽]

甲子歲, 予謫眞安縣, 事將有不測者, 自分必死, 擬古人自挽而銘
之, 且戒子云.

大明天下, 日先照國,

男子姓洪, 名忠字直,

半生迂拙, 文字之攻,

在世卅有, 二年而終,

命何云短, 意何其長,

卜于古縣, 茂林之鄕,

雲山在上, 灣碕在下,

千秋萬歲, 誰過斯野,

指點徘徊, 其必有悵然者矣.

爲吾子孫者, 他日必豎小碣於墓道, 刻此文, 然後眞吾子孫也.

갑자년(1504) 내가 진안현에 귀양을 가게 됨에 돌아가는 사정을
볼 때 도무지 앞일을 가늠할 수 없으나 죽게 됨은 분명하였으니,
옛사람들이 한 것을 따라 스스로 만사와 묘비명을 짓고 또한
자손들에게 경계하여 말한다.

대명천지에 해가 가장 먼저 뜨는 나라,

한 남자 있었으니 성은 홍洪이라, 충忠으로 이름을 삼고 직直으로
자를 삼았네.

반평생 우졸迂拙한 삶에 문자에나 힘쓰다가
세상에 태어나 서른두 해를 살다 끝마치노라.
명은 어찌 이다지도 짧고 뜻은 어찌 이다지도 긴가.
옛 무림 땅에 묻히노니,
구름 덮인 산 위에 있고 물굽이 아래에 있네.
천추만세에 그 누군가 이 들판을 지나다가
서성대며 손가락 가리켜 깊이 슬퍼하는 이 반드시 있으리라.

내 자손된 자들은 훗날 반드시 묘도에 자그마한 비석 하나
세워 이 내용을 새긴 뒤에라야 진정한 나의 자손이라 할 것이다.

연보초[年譜抄]

1473년(癸巳, 성종 4) 1세

부친 임지인 한양에서 태어나다. 자는 직경直卿, 호는 우암寓菴으
로 문광공文匡公 허백정虛白亭 홍귀달洪貴達의 넷째 아들로 태어나
다. 부림 홍씨 11세이다.

1489년(己酉, 성종 20) 17세

「병상구부病顙駒賦」를 지어 일찍부터 문재文才를 드러내다.

1495년(乙卯, 연산군 1) 23세

문과文科에 급제 후 승문원承文院 부정자副正字로 관직 생활을
시작하다.

1496년(丙辰, 연산군 2) 24세

정희량鄭希良, 박은朴誾 등 13인과 사가독서賜家讀書를 하고, 이후
홍문관弘文館 정자正字와 저작著作, 박사博士, 부수찬副修撰을 거쳐
수찬修撰에 올랐으며, 예조정랑禮祖正郎 등을 지내다. 선생은 정희
량(호 虛庵), 이행李荇(호 容齋), 박은(호 邑翠軒)과 함께 어울려 도우道友로
지내면서 많은 시문詩文을 나누었으며, 당시에 이들은 '문장사걸
文章四傑'로 일컬어지다.

1498년(戊午, 연산군 4) 26세

서장관書狀官으로 명明나라 사행을 다녀오다.

1504년(甲子, 연산군 10) 32세

부친의 사건에 연루되어 진안에 유배를 갔다 다시 취조를
받고 거제도에 유배되다. 선생이 진안으로 유배를 가면서 자신의
앞날에 닥칠 운명을 생각하며 비장한 마음으로 자신의 만사挽詞(輓
詞)를 적다. 뒷날 중종반정中宗反正(1506)으로 죽음을 면하기는 하였
지만 「자만사自挽詞」를 새긴 비가 선생의 묘소 앞에 세워져 지금까
지 전하고 있다.

1506년(丙寅, 중종 원년) 34세

중종반정으로 유배에서 풀려난 뒤 성균직강成均直講에 제수되었으나 병으로 나아가지 않다.

1508년(戊辰, 중종 2) 36세

병으로 세상을 뜨다. 향년 36세이다. 묘소는 도연리道淵里(현 문경시 영순면 의곡리)이다.

배配는 남손南蓀의 딸이며, 슬하에 세 아들을 두었으나 모두 일찍 죽어 후사後嗣가 없이 근래에 이르기까지 외손外孫들이 봉사奉祀하고 있다.

1535년(중종 29, 몰후 27년)

동생 언국彦國이 묘갈명墓碣銘을 짓고 묘비를 세우다.

1582년(선조 15, 몰후 74년)

외손서外孫壻인 충청도 관찰사 김우굉金宇宏이 발문跋文을 붙여 청주에서 『우암고㝢菴稿』를 발간하다.

1665년(현종 7, 몰후 157년)

문경의 근암서원近嵒書院에 배향되다. 이후 한음漢陰 이덕형李德馨, 사담沙潭 김홍민金弘敏, 목재木齋 홍여하洪汝河, 활재活齋 이구李榘, 식산息山 이만부李萬敷, 청대淸臺 권상일權相一이 차례로 모셔져

7인 종향從享 서원이 되다. 대원군 때 훼철된 후 2011년에 복원되면서 7인의 위패가 함께 환안還安되다.

1786년(정조 10, 몰후 278년)

양산서원陽山書院에 배향되다. 선향先鄕인 의흥義興 대율大栗에 1783년 세덕사世德祠가 창건되어 경재敬齋 홍로洪魯, 부친 문광공文匡公 허백정虛白亭 홍귀달洪貴達과 함께 배향된 뒤 3년 후 세덕사가 양산서원으로 승호陞號되다.

2006년(몰후 498년)

『우암고寓菴稿』를 포함한 근암서원 소장유물들이 경상북도 유형문화재 제377호로 지정되다.

2012년(몰후 504년)

『우암고』 목판을 수습하여 한국국학진흥원에 기탁하다.

2015년(몰후 507년)

양산서원이 복원되어 위패를 환안還安하다.

2015년 10월

방손 철학박사 계명대 교수 홍원식이

「행장」을 요약정리하다.

4. 목재 홍여하

묘갈명 병서[碣銘幷序]

今上初卽位, 正邦禮, 振廢淹, 知木齋洪公坐直道堙替, 特旨拜司諫, 未赴命而沒. 後十六年, 筵臣白, 上贈弘文館副提學, 蓋以時之所歸望者, 顯其魂也. 生窮而死榮, 此而謂達天之所賦予耶. 士林益悼慕之.

公諱汝河, 字應圖, 木齋號也. 缶溪洪氏, 國朝左參贊·大提學文匡公諱貴達五世孫也. 文匡用道德文章光顯, 燕山時枉歿. 第五子諱彦國, 進士, 有文行, 號訥菴, 是爲公高祖. 曾祖諱景參, 司果, 祖諱德祿, 司正. 考諱鎬, 大司諫, 用淸直名於世, 妣濟州高氏, 贈左贊成文烈公敬命之孫, 贈參判從厚之女也.

公儒門世德之後, 幼而有志行, 喜讀書. 其自錯有率, 疑難經義, 出於等輩所不能意者, 愚伏鄭先生甚奇之曰, 兒必爲大儒. 長益篤學, 治六經四書極意, 主其心而贊稽千古事, 一於道而旁通百家語,以定趨舍, 以證得失. 性敏悟, 一經眼, 輒誌于心, 無所漏. 余少時, 遇公于漢京, 歷擧經書小註, 試問公, 公應口誦, 盡其條乃已. 又取傳記・諸子, 摘句語以問, 輒誦其上下五六行, 使聽者, 通其文之首尾. 凡十餘問, 無所疑礙, 雖古之號聰明至今稱者, 不能過也. 爲文疾而贍, 一筆千言, 紙不窮不休. 然未嘗下意追時好, 故久不第, 甲午始選進士, 是年登明經第. 其明年, 薦入藝文館, 爲檢閱, 轉待敎. 每入待經筵, 上所疑問, 筵臣不能對者, 輒去所釋其義以對. 或奏事者, 有飾匿, 輒辨白之, 以此時人疾公甚. 丙申, 遷奉敎兼侍講院說書, 陞典籍, 由監察, 拜正言, 上疏言, 殿下言動多失中, 願上明理居敬, 動靜交修. 變化氣質, 只在此. 孝廟批納之.

然當路者, 恐公在朝則議主便私難, 斥補高山察訪, 一年, 罷. 戊戌, 復出爲鏡城判官, 二歲中, 再出嶺北. 鏡又極北, 然公無恨色, 惟所如而盡吾職. 鏡府迫近胡, 俗武不事文學, 節度使所住營, 供應費衆, 聽博事煩, 爲北州劇, 取於民無藝, 而吏多隱沒, 邊民苦之. 公至庸所學爲政, 政寬民和, 度所需爲經入, 尺布不妄賦, 毫毛無所犯, 民賦減三之二, 府無曠事. 選邑中子弟可敎學者, 置齋而州處之, 講授經史, 躬課以誘進之, 作九箴以勖之. 聞邑儒李鵬壽南寇之難, 死王事, 銘其墓, 以著其義, 以風厲之, 士民大悅服. 治城池, 修兵械, 不以邊無警而怠於守禦備.

己亥春, 上下敎求言, 公上疏, 言聖學治道之要, 且曰, 大臣廉於國廩, 取於藩閫. 疏至, 孝廟薨, 顯廟新卽位, 政院請令改疏辭以聞. 宋時烈嘗辭祿, 謂公言指斥己, 大怒, 時輩益疾公, 啓寢改疏之命.

會節度使乘民之疾, 用爲好言, 貸與民戶鹽, 已又急徵賈, 欲漁利,
怒典負者, 覺其情, 將傳致罪, 公入明之, 節度使恚出悖言, 公出城
求解. 或曰, 彼帥通潛商, 數犯主守, 盜罪不先發, 恐陷害公, 公曰, 持
伏罪以制人, 吾不爲也. 節度使果引他事, 誣奏罷之, 及歸, 所自隨,
唯數篋書. 士民送者, 擁道涕泣, 悲公之去, 而惠政文教絶也. 於是
時輩心深疾公者, 幸其隙, 轉相解搆奏, 配公于黃澗.

明年, 赦歸故里, 築堂居之, 名山澤齋, 損之象, 懲忿窒慾之義也.
自是十五年廢不用, 然嶺南士, 皆倚公爲重. 甲寅春, 顯廟覺宋時烈
誤禮, 下二品以上議, 諸臣齊言時烈禮是. 上怒斥之, 不及後命而薨.
今上卽位, 承先旨, 鼇擧舊禮, 以國論罪時烈及議禮臣, 收召坐言禮
及忤强黨見擊逐者諸臣, 公始拜兵曹正郎, 已而特除司諫. 時公病
漬甚, 而山陵近, 公泣謂家人曰, 吾廢錮久, 上簡拔臣, 擢置之言地,
阻疾不得趨謝恩命, 又不得與於帷扆陪列, 臣罪大矣. 至下玄宮日,
扶出庭, 北向哭良久止, 以此疾益篤. 十二月十四日卒, 距其生庚申
四月丁巳, 得年五十五. 居得行而不少延, 中外痛惜之. 明年二月丁
酉, 葬于醴泉黑松里卯向之原.

公行得之性, 學本於經, 家庭之內, 持撿奉先. 凡所承帥而致心焉
者, 皆得禮意, 遇人和易, 坦懷相待, 亦未嘗爲戲言相舞. 燕居整冠
服, 未嘗有惰容. 處稠人中, 衆或諧笑喀聑, 公超然不顧, 或聲妓相
徵會輒不赴, 唯恐漫己. 早以文學行誼, 有重名, 及廢退, 幷心力求
道. 旣洞曉義理大原, 日取舊所習典訓及伊・洛之書及歷代史, 反
復窮硏, 溫所已知, 守所已至者, 而益求其所未知未至者, 謂晦庵・

陶山書吾儒正脈在是, 致好之精而熟之, 竟其生. 江西之學亂道, 陳發其本末不相坐者, 辨闢之, 業日廣, 德日修, 充養純固, 識致明正. 得於已見於外者, 洒然無塵俗氣, 脩然以古君子自期, 敎學者, 要不襲於當世之操, 不驅於險巇之俗. 勖帥以實行, 不徒以文藝相進, 樂與之講索淵微, 雖難極終日夜, 而無倦色. 經·史奧義險句人之不曉爲何語者, 聞公之解之, 而莫不言下卽解, 嶺之士, 益歸向之. 己亥大喪, 宋時烈謂孝廟庶子, 體而不正, 奏降大王大妃服制爲期. 或有駁議, 輒坐錮, 國人莫敢言. 後八年, 嶺中多士, 欲上疏論之, 或曰, 久矣無及也, 公曰, 宗統壞亂, 久而後言之, 猶可以開後來之惑, 何論早晚. 議遂決, 請公製疏. 旣屬草, 見者謂討讁不少宛言, 恐禍起, 革草疏以進, 當路者莆然欲陷敗. 多士人蕩恐, 公笑曰, 無恐, 此天下大是非, 藉令諸君受枉, 其言立於後, 何恐爲. 後九年, 而禮始正, 其剛毅自立如此.

公在約能施, 聞人窮, 亟必瞻恤, 雖至傾匱不顧也. 常曰, 理無不該於事, 事無不根於理, 明理將以致用. 凡王政綱紀, 佐世之具, 通變之道, 無不講畫而宿蓄之, 若用, 皆有所行之, 而卒不能出一二, 少助我光明敎治. 所著有四書發凡口訣·周易口訣·儀禮考證·彙纂麗史·東史提綱, 文集若干卷, 統觀之, 可以審公之志業.

公再娶, 初配長水黃氏, 郡守德柔之女, 持平紐之孫, 後配聞韶金氏, 別提煒之女, 鶴峯先生之玄孫. 凡有四男四女. 男長相文, 參奉, 次相民, 魁生員主簿, 女長適都事金命基, 次適鄭錫玄, 次適權壽元, 黃氏出. 男相勛, 次相晉, 女適生員李世瑗, 金氏出. 側室男相賓, 進士相連. 相文有四男二女, 男大龜·瑞龜·命龜·守龜, 女適李守謙·金鍾萬. 相民無子, 子瑞龜. 相勛有一男一女, 幼. 金命基有二男四女, 男昌鉉·良鉉, 女適參奉柳經河·李仁溥·張英杰·李齊泰. 權壽元有二男二女, 男悅·怴, 女適李之碻, 餘幼. 李世瑗有一男一女, 幼. 銘曰,

如其學之博也, 其行之卓也,

其文藝之達也, 其志守之碻也.

本末終始, 略該於身,

有方之士, 王者之人.

其承顧詢, 胡瑣而靡決,

登之偉仕, 何事之不徹.

人利忌惡, 我與道際.

傀然獨立, 統理巨細.

言以類使, 士蒙義厲.

殆累十年, 逆斥不通.

拂乎其時, 曷維其同.

甫受主知, 大命俄窮.

生若死若, 公不負天.

歿而贈而, 其慰來情.

嶠南舊學, 誰與繼者.

敬銘之石, 維後學之則也.

資憲大夫前行禮曹判書兼大提學 權愈 撰

금상(숙종)이 즉위한 초년에 나라의 예를 바로잡고 쫓겨났거나 은둔한 선비를 불러들임에, 목재木齋 홍공洪公이 직언直言을 아뢰다 인체埋替됨을 알고선 특별히 교지를 내려 사간司諫에 제수했는데 명을 받들지 못한 채 죽었다. 16년 뒤에 연신筵臣들이 임금에게 아뢰어 홍문관부제학弘文館副提學에 추증되었으니, 대개 당시 귀망歸望하는 자들이 그의 혼을 현양하려 했기 때문이었다. 살아서는 궁하였지만 죽어서는 영화롭게 되었으니, 이로써 "하늘이 부여賦與한 바를 달하였다"고 말할 수 있을까? 사림들이 더욱 애도하며 사모하였다.

　공의 휘諱는 여하汝河이고 자字는 응도應圖, 호號는 목재木齋이다. 부계홍씨缶溪洪氏로 국조國朝에 좌참찬左參贊 대제학大提學을 지낸 문광공文匡公 휘 귀달貴達의 5세손이다. 문광공은 도덕과 문장으로 빛나고 현달했지만 연산군 때에 억울하게 죽임을 당했다. 다섯째 아들 진사進士 휘 언국彦國은 문장과 행실이 훌륭하였으며 호가 눌암訥庵이니, 이분이 공에게 고조부가 된다. 증조부 휘 경삼景參은 사과司果였고, 조부 휘 덕록德祿은 사정司正이었다. 고考는 휘가 호鎬로 대사간大司諫이었으며 청렴과 정직으로 세상에 이름났다. 비妣는 제주고씨濟州高氏로 좌찬성左贊成에 증직된 문열공文烈公 경명敬命의 손녀이자 참판參判에 증직된 종후從厚의 딸이다.

　공은 대대로 덕이 있는 유문儒門의 후손으로 어려서부터 지행志行이 있었고 독서를 좋아하였다. 그는 스스로 조치함에 법칙이 있었고 경의經義의 의심되는 곳을 문난할 때는 또래 무리들이 생각하지도 못한 부분을 드러내었으니, 우복愚伏 정선생鄭先生이 기특하게 여겨서 말하기를 "이 아이는 반드시 대유大儒가 될 것이다"라고 했다. 자라서는 더욱 학문에 독실하여 육경六經과 사서四書를 전공專攻함에 뜻을 다하였고, 그 마음을 쏟아 천고千古의 일을 헤아려 논찬했으며, 도道에 전일하고 제자백가의 문장을 두루 통하여 진퇴를 정하고 득실을 징험하였다. 천성이 총명하여 한 번 눈을 거치면 바로 마음에 기억하였고 흘리는 바가 없었다. 내가 어릴 때에 한양(漢京)에서 공을 만났는데, 경서의 소주小註를 두루 열거하며 시험 삼아 공에게 물어 보면 공은 입으로 외우면서 응대하는데 그 조목을 다 대답한 이후에야 그쳤다. 또 전기傳記나 제자諸子의 책에서 구어句語를 뽑아 질문하면, 문득 그 앞뒤 5~6행을 외워서 듣는 이로 하여금 글의 수미首尾를 통하게 하였다. 대개 10여 가지 질문에 의심이나 막힘이 없었으니, 비록 예전에 총명하다고 불려 오늘날까지 칭송되는 이들도 공보다 낫지는 못할 것이다. 글을 지을 때는 빠르면서도 넉넉하여 붓을 한 번 들면 천 마디가 완성되었는데, 종이가 다하지 않으면 그치지 않았다.

그러나 일찍이 뜻을 낮추어 당시 사람들이 좋아하는 글을 좇지 않았기에 오랫동안 과거에 입격하지 못하다가, 갑오년(1654, 효종 5)에 비로소 진사에 오르고 이해에 명경과에도 입격했다. 이듬해 천거로 예문관에 들어가 검열檢閱이 되었다가 대교待敎로 자리를 옮겼다. 매번 경연에 입시入侍하면 임금이 의심나는 곳을 물어서 연신筵臣들이 대답하지 못할 때에는 연신들은 번번이 공의 거소에 가 그 뜻을 풀이해서 대답하였다. 혹 일을 아뢰는 자가 꾸며대거나 숨김이 있으면 번번이 변론하여 실상을 드러내니, 이 때문에 사람들은 공을 매우 미워하였다. 병신년(1656, 효종 7)에 봉교奉敎 겸 시강원설서侍講院設書로 자리를 옮겼고, 전적典籍으로 승진하였다. 다시 감찰監察을 거쳐 정언正言에 제수되자 소를 올리기를, "전하의 언동言動은 중도中道를 잃음이 많으니, 바라건대 주상께서는 이치를 밝히고 경敬에 거하면서 동動과 정靜을 교대로 수양하십시오. 기질을 변화시킴은 단지 여기에 달려 있을 뿐입니다"라고 하니 효종이 비답批答을 내려 그 말을 받아들였다.

그러나 요직에 있는 자들은 공이 조정에 있으면 임금을 속여서 사사로움을 꾀하기가 어렵다고 생각하였으며, 이에 고산찰방高山察訪으로 내쫓겼다가 1년 뒤에 파직되었다. 무술년(1658, 효종 9)에 다시 외직으로 나가 경성판관鏡城判官이 되었으니, 2년 동안에 두 번이나 영북嶺北으로 나가게 된 것이다. 경성은 매우 북쪽이었다. 그러나 공은 한스러워하는 낯빛이 없이 오로지 가는 곳마다 자신의 직분을 다하였다. 경성부는 오랑캐 땅과 매우 가까워 그 풍속이 무예를 힘쓰고 학문을 일삼지 않았다. 절도사가 머무는 영營에는 공응供應에 필요한 비용이 많았으며, 민원이 많고 관청의 일이 번잡한 것으로는 북쪽 고을 중에서 제일이었다. 백성들에게 거두는 것에 일정한 기준이 없고 서리들이 숨기고 내놓지 않은 경우가 많아 변방 백성들이 고통스럽게 여겼다. 이런 차에 공은 배운 대로 정치를 하여 정사를 너그럽게 하고 백성들을 화합하게 했다. 쓰이는 바를 헤아려 경비를 거두되 한 자의 베(布)도 함부로 부과하지 못하게 하고, 털끝만큼도 법을 어기지 못하게 했다. 백성들의 부세賦稅의 2/3를 탕감하고, 부府에는 쓸데없는 공사를 벌이지 못하게 했다. 재齋를 두고 고을의 자제子弟 가운데 가르치고 배울 만한 자를 선발하여 주州에서 거처하도록 해서 경사經史를 강론하였는데, 몸소 과제를 부과하고 인도하여 학문이 진보되도록 했으며 구잠九箴을 지어 권면했다. 읍의 유자儒者 이붕수李鵬壽가 임진왜란 때 전쟁터에서 죽었다는 소식을 듣고는 그 묘에 명문을 써서 의로움을 드러내고 풍속을 장려하니 사민士民이 크게 기뻐하고 따랐다. 성을 쌓고 해자를 파며 병장기를 수리하는 등, 변경에 소란이 없을 때에도 수비를 게을리 하지 않았다.

기해년(1659, 효종 10) 봄에 주상이 하교를 내려 언론을 구하니, 공이 소를 올려 성학聖學과 치도治道의 요체를 말하고 또 "대신大臣은 국가의 창고에는 청렴하지만 변방의 장수에게서 취합니다"라고 하였다. 소가 올라가고 난 뒤 효종이 죽고 현종이 새로 즉위하자 승정원에서 상소의 내용을 고쳐 올리게 하도록 요청했다. 송시열宋時烈은 일찍이 벼슬을 그만두면서 말하기를 "공의 말은 나를 배척한 것이다"라고 하면서 대노한 바 있었다. 그래서 당시 조정의 신하들은 더욱 공을 미워하면서 상소를 고치는 명을 그만두게

해 달라는 장계를 올렸다. 마침 절도사가 백성들의 고달픔을 틈타 호언好言을 만들어서, 백성들에게 소금을 빌려주었다가 조금 뒤 다급히 소금 값을 징수하여 사익을 취하고 부채를 맡은 자에게 분노하였다. 그 실정이 발각되어 장차 치죄하려 하는데, 공이 들어가 사실을 밝혔다. 이에 절도사가 화를 내며 말을 함부로 하다가, 공이 성城을 나가자 화해를 구하였다. 혹자가 말하길 "저 절도사는 몰래 상인들과 내통하여 자주 수령(主守)을 범하였습니다. 도둑질한 죄를 먼저 적발하지 않으면 아마도 공을 음해할 것입니다"라고 했는데, 공이 말하기를 "드러나지 않은 죄罪를 가지고 남을 제압하는 일은 내가 하지 않겠다"라고 했다. 절도사는 결국 다른 일을 끌어와 무고로 아뢰어 공을 파직시키니, 돌아오는 길에 가지고 가는 것은 책 상자 몇 개뿐이었다. 전송하는 사민士民들이 길을 메우고 눈물을 흘리며 은혜로운 정치와 문교文敎가 끊어지게 됨을 슬퍼하였다. 이때에 당시 사람들 중 공을 미워하는 자들이 그 틈을 타고 서로 모의해서, 소를 올려 공을 황간黃澗으로 유배 보냈다.

이듬해 사면되어 고향으로 돌아와서 집을 짓고 기거했는데, 『주역』손괘損卦 상사象辭의 "분노를 징계하고 욕심을 막으라"(徵盆窒慾)라는 뜻을 담아 당호를 산택재山澤齋로 하였다. 이로부터 15년 동안 벼슬자리에서 쫓겨나 등용되지 못했지만 영남의 선비들은 모두 공을 의지하며 추중하였다. 갑인년(1674, 현종 15) 봄에 현종은 송시열이 예를 잘못 적용한 것을 깨닫고선 2품 이상에게 하달하여 의논토록 명하니, 제신들은 한결같이 송시열의 예가 옳다고 하였다. 임금이 노하여 배척했지만, 뒤이은 하명이 내려지기도 전에 죽었다. 금상(숙종)이 즉위하여 현종의 유지에 따라 구례舊禮를 바로잡고 국론으로 송시열을 비롯한 당시 예를 의론한 신하들을 논죄하고 예를 언급한 데 연좌되어 강당强黨의 미움을 받아 쫓겨난 여러 신하들을 불러들이니, 공은 비로소 병조정랑兵曹正郎에 제수되고 얼마 뒤 특별히 사간司諫에 제수되었다.

당시 공은 질병이 매우 심하였는데, 국장일國葬日이 가까워 오자 울면서 집안 식구들에게 말하기를 "내가 폐고廢錮된 지 오래되었는데도 주상께서 발탁하여 언관言官의 자리에 두었는데, 병이 들어 달려가 사은謝恩하지 못하고 또 장악帳幄의 배신陪臣이 되지도 못한다. 신하로서의 죄가 크다"라고 했다. 현종을 하관下官하는 날에는 부축 받고 뜰에 나와서 북쪽을 향해 한참 곡을 한 뒤에 그만두니, 이 때문에 병이 더욱 위독해졌다. 12월 14일에 죽으니, 그가 태어난 경신년(1620) 4월 정사일과의 세월이 55년이었다. 그의 올바른 행실에 비해 조금 더 삶을 연장하지 못했기에 중외中外에서 애통해했다. 이듬해 2월 정유일에 예천醴泉 흑송리黑松里 묘향지원卯向之原에 장사지냈다.

공은 행동은 본성을 잘 지켰고 학문은 경서에 근본을 두었으며, 집안에서는 자신을 단속하고 조상을 잘 받들었다. 무릇 부모의 뜻을 받들어 마음을 다해야 하는 것은 모두 예의禮意에서 터득하였으며, 남을 대할 때는 화이和易하면서도 허심탄회하게 대하였고 희언戲言으로 장난치는 적이 없었다. 많은 사람과 있을 때 사람들이 혹 웃으며 난잡하게 떠들썩하더라도 공은 초연하게 있으면서 돌아보지 않았으며, 혹 성기聲妓들이 서로 부르는 모임이 있어도 번번이 가지 않고 오로지 자신을 더럽힐까 두려워했다. 일찍이 문학文學과 행실로 중망을 얻었으며, 관직에서 쫓겨나 물러났을 때도 마음과 힘을 다해 도道를 궁구하였다. 이윽고 의리義理의 큰 이치를 훤히 깨알아, 날마다 예전에 익힌 경전의 가르침과 정명도·정이천의 책과 역대사歷代史를 가지고 반복해서 연마하였다. 이미 아는 것을 온습溫習하고 이미 이른 경지를 지키되, 알지 못하는 것과 이르지 못한 경지를 더욱 구하면서 말하길 "주자와 퇴계의 책에 우리 유가의 정맥이 있으니, 좋아하기를 정밀하게 하고 익숙하기를 끝까지 해야 한다"라고 했다.

강서학江西學이 도를 어지럽히자 그 본말本末이 서로 호응되지 않은 것을 드러내 분별하고 물리치니, 학업은 날로 넓어지고 덕은 날로 수양되어 함양된 덕성은 순수하면서도 확고했고 식견은 밝으면서도 올발랐다. 자신에게 터득하여 밖으로 드러난 것은 깨끗하여 세속의 기운이 없었으니 세상을 벗어나듯 옛 군자가 되기를 스스로 기약했으며, 공부하는 이들을 가르침에는 당시의 풍조를 그대로 답습하지 않고 험괴한 풍속에 달려가지 않았다. 실행實行으로 권하고 인도하여 단지 문예文藝만 가지고 서로 장진長進하지 않게 했으며, 즐겁게 그들과 더불어 강론하고 오묘한 이치를 따짐에 비록 지극한 논란처에서 밤과 낮을 다하더라도 권태로운 기색이 없었다. 사람들은 경서經書와 사서史書 가운데 무슨 말인지 깨닫지 못할 심오한 뜻이나 험난한 구句라도 공의 풀이를 들으면 말을 하자마자 곧바로 깨닫지 않음이 없었으니, 영남의 선비들이 더욱 의지했다.

기해년(1659, 현종 1)의 대상(大喪)에 송시열이 말하기를 "효종은 둘째 아들(庶子)로 선왕의 혈통을 계승하였으니 적장자가 아닙니다(體而不正)"라고 하면서 대왕대비의 복제를 한 등급 내려 기년복朞年服으로 하기를 주청하였다. 간혹 논박하려는 의론이 있으면 번번이 금고禁錮되니, 온 나라 사람들이 감히 말하지 못했다. 8년 뒤에 영남의 많은 선비들이 소를 올려 논박하려 하자 혹자가 말하기를 "오래 되어 소용없을 것입니다" 하였는데, 공이 말하기를 "종통宗統이 무너져 어지러우니, 오래된 이후라도 말한다면 오히려 후학의 의혹을 열어 줄 수 있을 것이다. 어찌 조만早晩을 따지랴?"라고 했다. 결국 의론이 결정되어 공에게 소疏 짓기를 청했다. 이윽고 초고가 완성되자 보는 이들이 말하기를 "견책의 성토함은 조금 완곡하게 말하지 않으면 화가 미칠까 두렵다"라고 하며 초고를 고쳐서 진달進達하니, 요직에 있는 자들이 화를 내며 함정에 빠뜨리려고 했다. 많은 선비들이 흔들리며 두려워했지만 공은 웃으며 말하기를 "두려워 말라. 이는 천하의 큰 시비를 가리는 일로 가령 제군들이 잘못 벌을 받더라도 그 말은 후세에 남을 것이다. 무엇을 두려워하랴" 하였다. 9년이 지나서야 예禮가 비로소 바로잡히니, 그의 강인하게 의지를 다짐이 이와 같았다.

공은 검소하면서도 베풀기를 좋아하여 남의 궁핍함을 들으면 반드시 구휼하였으며, 그러다가 비록 살림이 다 기울어져도 돌아보지 않았다. 항상 말하기를 "이치는 일에 관련되지 않음이 없고, 일은 이치에 근본을 두지 않음이 없다. 이치를 밝힘은 장차 잘 쓰기 위해서이다"라고 했다. 무릇 왕도정치의 법도와 세상을 보좌하는 도구와 통변通辯의 도리를 강마하여 미리 온축蘊蓄하지 않음이 없었으니, 만약 세상에 등용되었더라면 모두 실행하는 바가 있었겠지만 끝내 한두 가지를 내어 우리를 위한 교화와 다스림을 도와 밝힐 수 없었다. 저술로는 『사서발범구결四書發凡口訣』, 『주역구결周易口訣』, 『의례고증儀禮考證』, 『휘찬여사彙纂麗史』, 『동사제강東史提綱』과 문집 약간 권이 있으니, 총괄해 보면 공의 뜻과 학업을 알 수 있을 것이다.

공은 두 번 장가갔는데, 초배初配는 장수황씨長水黃氏로 군수郡守 덕유德柔의 딸이자 지평持平 유뉴有紐의 손녀이고, 후배後配는 의성김씨(聞韶金氏)로 별제別提 규엽規煠의 딸이자 학봉鶴峯 선생의 현손이다. 무릇 4남 4녀를 두었으니, 장남은 상문相文으로 참봉參奉을 지냈으며, 차남은 상민相民으로 생원시에 장원급제하여 주부主簿를 지냈다. 장녀는 도사都事 김명기金命基에게 시집갔고, 차녀는 정석현鄭錫玄에게 시집갔으며, 그 다음은 권수원權壽元에게 시집갔다. 이상은 황씨 출생이다. 또 아들 상훈相勛과 상진相晉이 있고 딸은 생원生員 이세원李世瑗에게 시집갔으니, 이상은 김씨 출생이다. 측실側室에게서는 진사를 지낸 상빈相賓과 상련相連을 두었다.

상문은 4남 2녀를 두었는데, 아들은 대구大龜, 서구瑞龜, 명구命龜, 수구守龜이고, 딸은 이수겸李守謙, 김종만金鍾萬에게 시집갔다. 상민은 자식이 없어 서구를 후사로 삼았다. 상훈은 1남 1녀를 두었는데, 어리다. 김명기는 2남 4녀를 두었는데, 아들은 창현昌鉉, 양현良鉉이고, 딸은 참봉參奉 류경하柳經河, 이인부李仁溥, 장영걸張英杰, 이제태李齊泰에게 시집갔다. 권수원은 2남 2녀를 두었는데, 아들은 열悅, 칙忕이고 딸은 이지확李之確에게 시집갔으며 나머지는 어리다. 이세원은 1남 1녀를 두었는데, 어리다. 명銘은 다음과 같다.

배움은 넓은 듯했고 행실은 우뚝한 듯했으며,
문예는 통달한 듯했고 뜻을 지킴은 확고한 듯했네.
본말과 종시가 대략 몸에 갖추어졌으니,
나라의 훌륭한 선비이고 왕을 보좌할 사람일세.
집안의 가르침 잘 이어 자잘한 일에도 매듭이 확고하였네.
높은 벼슬에 오르니 무슨 일인들 통하지 않았으리오.
세속의 이익됨을 꺼리고 미워하며 나(목재)는 도와 함께했네.
우뚝하게 홀로 서서 크고 작은 일을 통솔하여 다스렸고,
그 말에 한결같음이 있어 선비들은 의롭고 엄격함 입었네.
거의 수십 년 동안 거슬려 배척되고 통하지 못하니,
그 시대에 거슬렸으나 어찌 같아지길 생각하리오.
군주의 알아줌을 받자마자 조금 뒤 목숨이 다했네.
살아 있는 동안이나 죽어서도 공은 하늘을 어기지 않았네.

죽어서 추증되니 후손들의 정을 위로하네.

영남의 옛 학문을 누가 이을까.

공경히 이 돌에 명 새기니 후학들의 모범이로다.

자헌대부 전 행 예조판서 겸 대제학 권유權愈 지음

연보초[年譜抄]

1620년(庚申, 광해군 12) 1세

부친 무주공無住公 홍호洪鎬가 일찍이 문과 급제를 하고서도 관직을 제수 받지 못한 채 태백산太白山 아래에 수월암水月庵을 짓고 소요할 때 그곳에서 둘째 아들로 태어나다. 자는 백원百源, 호는 목재木齋와 산택재山澤齋이다. 부림홍씨(함창파) 15세이다. 문광공文匡公 허백정虛白亭 홍귀달洪貴達이 5대조이며, 부친 호는 대사간大司諫을 지냈고, 모친은 장흥고씨長興高氏 고경명高敬命의 손녀이자 고종후高從厚의 딸이다.

1639년(己卯, 인조 16) 20세

『고려사高麗史』를 『춘추좌전春秋左傳』의 예에 따라 정리한 뒤 『휘찬여사彙纂麗史』 범례를 짓고서 편찬을 시작하다.

1646년(丙戌, 인조 23) 27세

부친상父親喪을 당하다. 『사서발범구결四書發凡口訣』을 짓다.

1654년(甲午, 효종 6) 35세

생원시生員試와 식년式年 문과文科를 같은 해에 급제하여 주위를
놀라게 하다.

1656년(丙申, 효종 8) 37세

봉교奉敎로 재직할 때 송규렴의 반대를 무릅쓰고 이상진과
이원정을 추천하였다가 파직되고, 같은 해 「응지상소應旨上疏」를
올렸다가 고산도高山道 찰방察訪으로 좌천되다.

1659년(己亥, 현종 1) 40세

5월 경성鏡城 판관判官으로 있을 때 「응구언교소應求言敎疏」를
올리면서 북방 군정軍政의 폐단과 함께 조정 내 이후원李厚源의
붕당 행태를 지적하는 내용을 담아 송시열宋時烈이 속한 서인西人
들로부터 큰 반발을 싸다.
「천군天君」과 「팔잠八箴」을 짓다.

1660년(庚子, 현종 2) 41세

병마사兵馬使 권우權堣의 일을 문제 삼았다가 파직된 뒤 충청도

황간黃澗으로 유배되다. 얼마 후 유배에서 풀려난 뒤 고향인 함창
율리로 돌아와 산택재山澤齋를 짓고서 학문 연구와 저술 및 강학에
전념하다.
「명명덕찬明明德贊」 등을 짓다.

1670년(庚戌, 현종 12) 51세

예천醴泉 북쪽 복천촌福泉村에 존성재尊性齋를 짓고서 잠시 이거
하였다가 53세 때 다시 율리로 돌아오다.
「존성재기尊性齋記」를 짓다.

1672년(壬子, 현종 14) 53세

『동국통감東國通鑑』을 산절刪節하여 『동국통감제강東國通鑑提綱』
(일명 『東史提綱』)의 범례를 만들고 편찬을 시작하였으나 완성을
보지 못하다.
『해동성원海東姓苑』을 편찬하다.

1674년(甲寅, 숙종 원년) 55세

숙종肅宗이 즉위하여 병조정랑兵曹正郎과 사간司諫의 관직이 내
려졌으나 병으로 나아가지 못하고 세상을 뜨다.
예천 흑송리에 장사 지내다. 뒤에 율곡리로 이장移葬하다.
처음 묘갈명墓碣銘은 제자인 권유權愈가 지었으며, 이장 후 묘갈명

은 계당溪堂 류주목柳疇睦이 지었다.

슬하에 상문相文, 상민相民(出系), 상훈相勛, 상진相晉, 상빈相賓, 상연相連 6형제를 두다.

1689년(숙종 15, 몰후 15년)

갈암葛庵 이현일李玄逸의 주청으로 통정대부通政大夫 부제학副提學에 추증追贈되다.

1693년(숙종 19, 몰후 19년)

우암寓菴 홍언충洪彥忠과 한음漢陰 이덕형李德馨이 배향되어 있던 문경의 근암서원近嵓書院에 사담沙潭 김홍민金弘敏과 함께 배향되다. 이후에 다시 활재活齋 이구李榘와 식산息山 이만부李萬敷, 청대淸臺 권상일權相一이 추가 배향되어 7인 종향從享 서원이 된다. 대원군 때 훼철되었다가 2011년에 복원되면서 7인의 위패가 함께 환안還安되다.

영英·정조正祖 연간

제자 권유權愈의 서문을 붙여 『목재선생문집木齋先生文集』을 간행하다. 초간初刊 후 여러 차례 추각追刻되었는데 이들 사이에 약간의 차이가 있다.

1835년(헌종 1, 몰후 161년) 경

입재立齋 정종로鄭宗魯의 서序를 붙여 『(목재선생가숙)휘찬여사 (木齋先生家塾)彙纂麗史』를 간행하다. 간행 연대가 정확하지 않으며, 초각初刻 이후 일부 편차를 나누어 한 차례 개각改刻하였다. 목판은 정확한 연유를 알 수 없지만 선향先鄕에 있는 양산서원陽山書院에 보관해 오다.

1990년(몰후 316년)

8월 7일 양산서당陽山書堂(陽山書院) 내 『(목재선생가숙)휘찬여사』 목판이 경상북도 유형문화재 제251호로 지정되다.

2006년(몰후 332년)

1월 2일 근암서원에 소장되어 있던 『목재선생문집』, 『동국통감 제강』 등을 포함한 유물 800여 점이 경상북도 유형문화재 제377호 로 지정되다.

2011년(몰후 337년)

12월 양산서원(당)에 보관해 오던 『(목재선생가숙)휘찬여사』 목판을 『경재선생실기敬齋先生實紀』 목판과 함께 학술발전과 영구 보전을 위해 한국국학진흥원에 기탁, 이관하다.

2012년(몰후 338년)

『목재선생문집』,『동국통감제강』목판을 한국국학진흥원에
기탁, 이관하다.

2015년(몰후 341년)

양산서원을 복원하고 이전 3선생의 위패를 환안還安한 뒤 향의
鄕議에 따라 목재 홍여하 선생과 수헌睡軒 홍택하洪宅夏 선생의
위패를 추가 배향하다.

2015년 10월

방손 철학박사 계명대 교수 홍원식이

「행장」을 요약정리하다.

5. 수헌 홍택하

묘갈명 병서[墓碣銘并序]

國家用人, 銓郎爲極選, 非敭歷淸顯負時望者, 不得與焉. 近世官方, 難不及如古, 而亦必以曾經侍從人擧擬, 非他曹比也. 睡軒洪公, 在先朝時, 以騎省郎, 特授吏佐, 蓋異數也. 聞者榮之, 旣而入臺府, 官至三品而終. 於乎, 公可謂聖世完名人也哉. 曰公之孤, 秉朝以遺事授不侫, 屬以墓之役, 自惟平日誼分, 不可以不文辭.

按公諱宅夏, 字華老, 缶溪人. 在麗朝有宰相諱鸞, 至舍人諱魯號敬齋, 圃隱鄭先生門人也. 見國步艱難將沒, 歸就問於鄭先生, 先生曰, 得之得之矣. 蓋擧其字而與之云. 高祖諱錫箕, 曾祖諱舜元, 祖諱宇益, 俱隱德不仕, 考諱龜吉, 有文行蚤世, 妣咸安趙氏景必女, 漁溪先生旅後, 本生考諱龜命, 以德文詞見推於世, 號雙蓼堂, 妣安東金氏河應女, 繼妣咸陽朴氏尙中女, 公朴氏出也. 生於英廟壬申, 幼有異質, 才思日就, 雙蓼公每稱之曰, 昌吾門者, 必此兒也. 恪遵

庭訓, 孜孜不懈. 既長, 詞華鬱然, 兼治博士業, 正廟丙午, 登明經科,
選補承文院權知副正字, 壬子丁所後內艱, 易戚備. 至甲寅秋, 陞正
字遷博士, 乙卯轉太常直長, 陞成均典籍, 除兵曹佐郎, 冬復以前職,
添書落點, 尋特除吏曹佐郎, 戊午冬拜司憲府持平, 己未春, 遷騎郎,
夏復拜持平, 先是公避沴山村, 夢入侍從班, 翼曉除旨果, 到六月,
陞吏曹正郎, 七月移拜持平, 時上幸皇壇親祭, 有感悔詩, 命侍臣次
之. 公賡進以寫風泉之思, 庚申六月家居, 大行昇遐報至, 公卽夜昇
縣次, 號慟不自勝, 蓋前此數日, 已忽忽心動焉. 冬赴因山祭班, 卽
日尋鄉, 每以聖恩如海, 涓埃莫報, 爲至恨也. 居閒養靜, 日與村秀,
尋行數墨, 課學不倦, 時遇農人, 談說桑麻, 推限讓畔以自適焉. 甲
子遭朴夫人憂, 送終居喪之節, 一遵家禮, 不以老而少懈. 自是益無
意於進取, 所居東畔, 占一勝處, 爲晚年藏修之計. 有時乘輿杖屨逍
遙以寫幽悁, 丁卯夏復除持平, 壬申秋以先朝寶甲, 特陞通政, 甲戌
除敦寧府都正, 旣謝恩陳疏遞歸. 己卯復拜前職, 病未赴. 庚辰夏疾
轉劇, 六月十五日終于寢. 享年六十九, 是年九月葬于軍威孝東被
口坐未原, 從先兆也. 妃淑夫人金氏, 士人器重女, 後公十三年癸巳
四月日卒, 壽八十五, 葬于缶南枝洞先塋下中坐原, 有一男一女, 男
秉朝, 女朴世載, 秉朝一男二女, 男璞修, 女朴周羽, 金章奎. 朴世載
一男三女, 男頤慶, 女李錫玖, 申鎭瓘, 一幼.

公姿稟愷悌, 聰明過人, 幼被雙蔘公教導之嚴篤志勸, 學日有進
就, 弱冠, 嘗拜大山李先生, 誠心慕悅, 以摳衣請益之晚, 爲平生至
恨. 觀其存心也, 寧拙無巧, 其處已也, 惟分是守, 切無躁競浮華之

習, 而愛親之孝, 終身不衰, 戀國之忱, 老而深篤, 則乃其天性然也.
若夫德義事行之, 見於日用, 著於鄕邦者, 自有輿誦之不泯, 於乎,
休矣. 銘曰,

　　維守之正, 維行之篤,

　　孝可移忠, 裏不異襮,

　　天睠自至, 有華其秩,

　　公拜稽首, 感激銘骨,

　　貽諸子孫, 圖報罔極,

　　孝東之原, 有崇四尺,

　　刻詞貞珉, 無毁無渫.

上之三十三年 癸巳 季秋 上澣

折衝將軍龍驤衛副護軍 豊山 柳尋春 謹撰

국가가 인재를 등용할 때 그 책임을 지는 벼슬인 전랑銓郎은
지극히 엄격하게 선발하는 법이니, 뛰어난 경력과 청렴함이 드러
나 한 시대가 존경하는 사람이 아니면 선발될 수 없었다. 근세의
관방官方은 어려워서 옛날과는 같지 않지만 또한 반드시 시종하
는 사람들의 추천을 거쳐야 함은 다른 부서와는 비교가 되지
않는다. 수헌睡軒 홍공이 전조前朝 때 병조좌랑으로 특별 제수되어
관리가 된 것은 대개 드문 경우였기에 소문을 들은 사람들이
모두 영광스럽게 여겼는데, 이미 대부臺府(司憲府)에 들어가 직위가
삼품三品에 이르자 그만두고 말았다. 아! 공은 가히 성세聖世에

명예를 완전히 했던 분이라 할 수 있도다. 어느 날 공의 아들 병조가 유사遺事를 가지고 와서 나에게 묘비문을 부탁함에, 평소의 정의情誼와 교분을 생각할 때 문장이 서툴다는 이유만으로 사양할 수는 없었다.

유사遺事에 의하면, 공의 성은 홍이요 휘는 택하宅夏이며 자는 화로華老이다. 관향은 부림缶林이며, 시조는 고려조의 재상 란鸞이다. 선조 문하사인門下舍人 로魯는 호가 경재敬齋이며 정포은 선생의 문인으로, 고려의 국운이 다하여 장차 망하게 됨을 알고 고향으로 돌아갔는데, 그 소식이 정선생에게 알려지자 정선생은 "득지득지得之得之"라 했으니 대개 그 자字의 의미를 들어 공의 행적을 찬탄한 것이었다. 고조는 휘가 석기錫箕이고 증조는 순원舜元이며 조는 우익宇益인데 모두 벼슬하지 않았다. 양부養父 휘 귀길龜吉은 학문과 조행이 뛰어났으나 일찍 별세하였으며, 비妣는 함안조씨咸安趙氏 경필景必의 따님으로 생육신 어계漁溪 조려趙旅의 후예이다. 생부生父 귀명龜命은 호가 쌍륙당雙蓼堂이며 덕행과 학문으로 세상에 널리 알려졌다. 그 비妣는 안동김씨 하응河應의 따님이었고 계비繼妣는 함양박씨 상중尚中의 따님이었는데, 공은 박씨의 소생이다.

공은 영조 임신년에 출생하였다. 어릴 때부터 특이한 재질을 발휘하여 재능과 생각이 날마다 늘어남에 생부 쌍륙당은 항상 "우리 가문을 빛낼 사람은 이 아이다"라고 했던바, 정성스럽게 부모의 교훈을 준수하여 게을리 하지 않았다. 성인이 되자 문장이 뛰어났으며, 과거에 대한 학업을 계속하여 정조 병오년(1786)에 명경과明經科에 합격, 승문원권지부정자에 제수되었다. 임자년에 양모養母의 별세로 상례를 치른 뒤 갑인년 가을에 승문원정자에 승진하여 박사가 되었으며, 을묘년에 태상직장太常直長으로 전직하여 성균관전적으로 승진, 병조좌랑에 제수되었다. 그해 겨울 다시 전직에 복직, 교서의 낙점으로 특별히 이조좌랑에 제수되었으며, 무오년 겨울에 사헌부지평, 기미년 봄에 병조정랑, 여름에 다시 사헌부지평이 되었다.

이에 앞서 공이 여산촌沴山村에 피해 있을 때 꿈에 시종 반열에 들어 간 적이 있는데, 다음날 새벽에 과연 그러한 교지를 받게 되어 6월에 이조정랑으로 승진했다가 7월에 지평持平으로 옮겨 갔다. 당시에 임금께서 황단皇壇에 납시어 제사를 지내고 감회시를 지으신 후 시신들에게 명하여 차운次韻하게 했을 때 공은 「풍천風泉」이란 시를 지어 올렸다. 경신년 6월에 집에 있을 때 임금께서 승하하셨다는 소식이 전해지자 공은 그날 밤에 행차를 마련하여 통곡해 마지않았으니, 대개 얼마 전부터 이미 많은 걱정을 하고 있었다. 겨울에 임금의 장례에 참석했다가 즉시 고향으로 돌아와, 성은聖恩이 바다와 같으나 조금도 보답하지 못했음을 항상 지극한 한으로 여겼다.

고향에서 한가롭게 지내면서 안정된 생활을 하고 있을 때 시골 수재들에게 학문을 가르침에 조금도 게을리 하지 않았으며, 농민들을 만나면 농사짓는 일을 담론하는 한편으로 농토를 미루어 주면서 자적한 생활을 하였다. 갑자년에 생모 박씨의 상을 당해 장례와 상례를 한결같이 주자가례에 의하여 치름에, 나이 많음을 이유로 게을리 함이 조금도 없었다. 이로부터 더욱 벼슬길에 뜻을 두지 않고 고향집 동쪽 언덕 아름다운 터를 잡아 만년생활의 계획을 세웠다. 때때로 가마를 타거나 직접 걸어 다니며 소요하면서 그윽한 회포를 시로 짓기도 했다. 정묘년 여름에 다시 지평에 제수되었고, 임신년 가을에 선조先朝의 보갑寶甲으로 인해 통정通政으로 특진하였다. 갑술년에 돈녕부도정敦寧府都正에 제수되었으나 은혜에 감사하는 소疏를 올리고 귀향하였으며, 기묘년에 다시 전직에 부임하라는 교지를 받았으나 신병으로 부임하지 못했다.

경진년 여름 병이 점점 위독해진 끝에 6월 15일 본가에서 별세하였으니 향년 69세이다. 그해 9월에 군위군 효령면 동쪽 피구원 선영 밑 미좌에 장사지냈다. 배 숙부인 김씨는 사인士人 김기중金器重의 따님으로, 공이 별세한 지 13년이 지나 계사년 4월에 향년 85세로 별세하였으니, 부계면 남쪽 지동枝洞 선영 밑 신좌 벌에 장사지냈다. 슬하에 1남 1녀를 두었으니, 아들은 병조秉朝이고 딸은 박세재朴世載에게 출가했다. 병조는 1남 2녀를 두었으니, 아들은 박수璞修이고 두 딸은 각각 박주우朴周羽와 김장규金章奎에게 출가하였으며, 박세재는 1남 3녀를 두었으니 아들은 이경頤慶이고 두 딸은 이석구李錫玖와 신진관申鎭瓘에게 출가하였으며 막내 딸은 아직 어리다.

공은 자태와 품성이 공경스럽고 총명이 남보다 지나쳤다. 어릴 때부터 쌍륙당의 엄격하고 독실한 교훈을 받아 학문이 날마다 진보, 약관에 대산大山 이상정 선생의 문하에 나아가 성심으로 존경하고 힘써 가르침을 받기를 평생의 소원으로 여겼으니, 그 마음가짐은 순수하여 꾸밈이 없었고 그 몸가짐은 분수를 지켜 조급하거나 과장하는 습관이 없었다. 또한 부모에 대한 효성은 평생토록 쇠함이 없었고 나라를 사랑하는 정성은 늙을수록 깊고 돈독했으니, 그것은 바로 타고난 천성이었다. 대개 덕을 베풀고 옳은 일을 행했음은 일상생활에 드러나고 지역사회에 알려져 저절로 모든 사람들의 끝없는 칭송을 받게 될 터이니, 아! 참으로 아름다운 일이로다. 이에 명銘을 지어 이르노라.

마음지킴이 올바르고 실천이 독실하여

효성의 마음을 충심으로 옮겨 가니 속과 겉이 하나여라.

하늘의 은혜 저절로 이르니 그 질서에 광채 있고,

공손히 절하고 머리 조아림에 감격스러움 뼈에 사무쳤네.

자손들에게까지 깨우쳐 이르노니 그 망극함에 보답할지어다.

효령 동쪽 언덕의 넉 자 비석,

명銘을 새기노니 훼손되거나 허물어지도록 하지 말라.

순조 33년(1833) 계사 9월 상순

절충장군 용양위부호군 풍산 류심춘柳尋春 삼가 지음

연보[年譜]

1752년(壬申, 영조 27) 1세

경북 군위군 부계면 대율리(한밤마을)에서 태어나다. 자는 화로華老, 호는 수헌睡軒이다. 부림 홍씨 21세로, 조祖는 우익宇益, 부父는 귀길龜吉, 모母는 함안咸安 조씨趙氏 경필景泌의 딸이다. 생부生父는 귀명龜命으로 호가 쌍륙당雙蓼堂이고 문행文行으로 널리 알려졌다.

1786년(丙午, 정조 10) 35세

식년시式年試 명경과明經科 을과乙科에 급제하다. 대과 급제 후 승문원承文院 부정자副正字로 관직생활을 시작하다.

1795년(乙卯, 정조 19) 44세

태상직장太常直長에서 성균전적成均典籍을 거쳐 병조좌랑兵曹佐郎, 이조좌랑吏曹佐郎이 되다.

1796년(丙辰, 정조 20) 45세

『규장전운奎章全韻』 1책을 하사받은 뒤 시를 지어 사은하다.

1798년(戊午, 정조 22) 47세

사헌부司憲府 지평持平이 되다.

1799년(己未, 정조 23) 48세

7월 사헌부 지평으로 있을 때 경봉각敬奉閣과 흠봉각欽奉閣 두 전각殿閣을 이건하고 임금께서 친히 황단皇壇에 납시어 제사를 올리고 시를 지은 뒤 시종한 신하들에게 차운시를 짓게 하였는데, 선생도 이때 시를 짓다.

1807년(丁卯, 순조 7) 56세

모친상을 치른 뒤 사헌부 지평에 복직되다.

1812년(壬申, 순조 12) 61세

통정대부通政大夫에 오르다.

1814년(甲戌, 순조 14) 63세

돈녕부도정敦寧府都正을 제수 받다. 사은하며 「사돈녕부도정소辭敦寧府都正疏」를 올리다.

1819년(己卯, 순조 19) 68세

이전 직책이 다시 내렸으나 병으로 나아가지 못하다.

1820년(庚辰, 순조 20) 69세

향내 유림과 종인들의 힘을 모아 양산서원陽山書院을 중수, 증축

하고 「양산서원강당중수기陽山書院講堂重修記」를 짓다.

6월 15일 병으로 세상을 뜨다. 향년 69세이다.

9월 군위軍威 효동孝東에 장례지내다. 배配는 숙부인淑夫人 김씨金氏
로 사인士人 기중器重의 딸이며, 슬하에 1남 1녀를 두다.

1864년(고종 1, 몰후 44년)

안동 호계서원虎溪書院에서 발의하고 의흥義興 향내 유림들의
공의에 따라 불천위不遷位에 오르다.

1938년(몰후 118년)

『수헌문집睡軒文集』을 발간하다.

2015년(몰후 195년)

양산서원을 복원하고 이전 3선생의 위패를 환안還安한 뒤 향의
에 따라 목재 홍여하 선생과 수헌睡軒 홍택하洪宅夏 선생의 위패를
추가 배향하다.

2015년 10월

방손 철학박사 계명대 교수 홍원식이 짓다.

제2부 양산서원 옛 기록

용재서원 창건사[湧才書院創建事]

陽山書院重創事跡記云, 夫書院舊在湧才之麓, 卽己丑年所建也. 雲在辛卯秋移建于栗里寸中, 乃是敬齋先生遺墟也云爾. 而湧才之麓今未知何處也, 本記末尾, 以陽山書院創建之時, 盖自湧才洞初創之後迄今百有年云爾, 則己丑仁祖耶歟, 栗里祠創建前六十一年.

양산서원 사적기에 보면 "경재 선조를 추모하는 옛 서원이 용재산湧才山 기슭에 있었는데 기축년에 세운 것이다. 신묘년 가을에 율리 마을 가운데로 이건했다. 이는 경재 선생의 유허지이기 때문이다"라고 했는데, 용재산 기슭이 지금의 어느 곳인지는 알 수 없다. 본 사적기 말미에 양산서원을 창건한 때가 용재서원을 초창한 때로부터 백여 년이 지난 뒤라고 했으니, 기축년은 곧 인조 27년 기축년(1649)이 아닌가 추정된다. 율리사栗里祠를 창건한 때로부터 61년 전의 일이다.

용재서원 봉안문[湧才書院奉安文]

質美奎璋, 學粹精詣, 嫡傳九齋, 模範一世, 擢第妙齡, 顯被宸渥,
累接晉畫, 擬就君德, 天不愁遺, 未展素畜, 斯文有喪, 士林齊惜, 事
有未遑, 久闕縟禮, 公議不泯, 享祀有待, 湧才之麓, 廟貌維新, 玆於
上丁, 謹以精溜.

자질은 아름답기가 구슬과 같고 학문은 순수하고 정미로우며
적손으로 구재九齋를 전하고 일세의 모범이 되도다. 묘령에 급제
하여 임금님 은혜를 입어 여러 번 진급하고 군덕君德을 더 입게
되니 하늘이 은유愁遺치 않아 쌓은 경륜 펼치지 못하니 사문이
손상되고 사림이 애석해하였습니다. 일을 진척할 사이 없이 욕례
縟禮를 이루지 못함에 공의가 일어나 행사 올림을 기다리니, 용재
산 기슭에 묘우 새로 지어 이 상정上丁에 삼가 제사 올립니다.

율리사 창건사[栗里祠創建事]

肅廟朝庚寅八月, 一鄕議齊發, 以爲敬齋先生貞忠苦節炳如日
星, 而尙闕芬苾之禮者, 誠一鄕之所恥, 隱定建祠之擧. 同年九月十
四日, 立廟于因爲講堂役. 肅宗辛卯正月日, 廟宇與講堂告屹, 祠號
曰栗里祠, 堂號曰樂育齋, 院長號稱山長. 同年二月二十七日丁巳
奉安時, 鄕道客會員二百餘人, 自是定行春秋享. 英祖十八年壬戌
正月日, 本祠毁撤之令下, 一鄕士林與本孫齊訴營門, 而營門期於
毁祠, 本祠創建三十二年而毁祠. 英祖丙子八月日, 士林本祠復設
之事聯呈本官壯, 英祖丁卯二月日, 一鄕士林以本祠復設之事齊
聲倡義通章沓至, 而本所財力不足, 待後營建故, 鄕議隱寢.

숙종조 경인년(숙종 36, 1710) 8월에 경재 선생의 사당 건립에
대한 향의鄕議가 크게 일어났다. 여말의 정충고절貞忠苦節을 지킨
경재 선생의 빛나는 정절貞節에도 불구하고 아직 선생을 추모하
는 예를 차리지 못하고 있는 것은 실로 일향의 부끄러움이 아닐

수 없다는 향의에 따라 드디어 사당 건립을 결정하였으며, 동년 9월에 사우祠宇를 건립하기 위한 역사가 시작되었다. 숙종 37년 신묘(1711) 정월에 묘우廟宇와 강당의 공사를 마치니, 사호祠號를 율리사栗里祠라 하고 당호堂號를 낙육재樂育齋라 하며 원장院長의 호칭을 산장山長이라 하였다. 동년 2월 27일 정사일에 도내의 200여 명이 모여 봉안례奉安禮를 행하고, 이로부터 춘추향사春秋享祀를 올리기로 했다. 그러나 영조 18년 임술 정월에 본사 훼철의 명이 내려옴에 향내 사림과 후손들이 본영에 일제히 상소하였으나 본영에서는 훼철을 결정하였고, 본사는 창건 32년 만에 훼철되고 말았다. 영조 22년 병인(1746) 8월에 사림에서 본사本祠를 복설復設해야 한다는 글을 올렸고, 이듬해 2월에는 향내 사림에 본사의 복설에 대한 일을 논의해야 한다는 통문이 계속 답지했다. 그러나 문중에 변고가 있어 재력이 다한 까닭에 후일의 복설을 기약해야만 했으니, 이로부터 그만 향의가 잠잠해져 버렸다.

율리사 봉안문 [栗里社奉安文]

珪璋之質, 介石之貞, 嫡傳九齋, 詩禮鯉庭,

時丁大蹇, 志乖彌綸, 言尋遂初, 栗里之村,

斷斷其心, 婉婉其跡, 不知何慍, 我思岡僕,

天之胡意, 而壽之闕, 靑天白日, 想像英烈,

士林齊慕, 縟禮未遑, 公議弗泯, 百年乃彰,

湧才之麓, 廟貌維新, 吉日其丁, 謹以精禋.

구슬 같은 자질에 보석 같은 굳은 정절, 구재의 정통을 이어
시례의 교육을 받으셨지요. 험난한 시운 만나 세운 뜻 이루지
못하심에, 처음 뜻 완수하려 율리로 돌아오셨습니다. 과단성
있는 그 마음 완곡한 그 행적, 몰라준들 어찌하랴 고국만을 생각하
셨습니다. 하늘은 어찌하여 수명마저 짧게 하였든가, 청천의
백일은 영열英烈하심을 생각게 합니다. 사림은 경모했으나 아직
예를 갖추지 못했던바, 공의는 계속되어 이제야 봉안하게 되었습

니다. 용재산 기슭에 새로 묘우를 세워, 정일의 길일을 택해 삼가 제사를 지내옵니다.

상향축문[常享祝文]　　방예傍裔 대구大龜

千古栗里, 一髮鵠岑, 廾八字詩, 五百年心.

천고 율리에 한 가닥 솟은 봉우리,
스물여덟 글자의 시는 오백년의 마음이어라.

세덕사 상량문[世德祠上樑文]

송이석宋履錫

缶林, 古仁賢之鄕, 一門之世德, 惟舊栗里亦柴桑之地, 三賢之廟
祠, 宜今美哉奐輪, 永言芬苾. 恭惟, 敬齋洪先生, 圭璋之質, 冰蘗之
操, 七齡通孝經, 進修造詣之可驗, 三隱爲道契, 出處行藏之同歸.
人亡國亡, 身任綱常之重, 世遠澤遠, 誰識靖獻之心. 何其二十七
歲, 成就如斯, 惜乎三百餘年, 沈晦無聞. 酒若虛白亭洪先生, 百世
爲宗師, 一代主文柄, 幾年荷 光宣之遇, 方看潤色乎王猷, 不幸値
喬桐之昏, 惟知死報于 先主, 袖中諫獵, 視刀鋸如甘飴, 塞外招魂,
奈鑞鏤之無眼, 小人有所畏而不敢蔽善, 淸時有所待而遂焉, 易名
亦粤, 寅菴洪先生, 名父佳兒, 四傑稱首, 科闈蓮桂, 上天衢之驥步
鵬矯序, 居元季間, 竹梧之鸞停鵠峙, 文章是其餘事, 熊魚之取舍
已明, 忠孝本自傳家, 虓虎之咆怒, 何怵是守死而善道, 惟自輓之
悲人久矣, 吾道之東, 逮乎 聖明朝而大闡偉哉, 間氣之毓至於夫子
家而悉藂, 孰爲後世之子雲乃能發潛而顯晦, 若議今日之尸祝, 莫
如舊德與本鄕睠玆, 缶溪寔惟奧域, 水淸山秀, 想像胚胎之前光,

祖繼孫承, 允宜俎豆之竝薦, 倕匠之徒, 咸效才技, 於焉竝置其齋
堂, 材木之多, 近取山林, 庶幾易就乎功役. 翬飛鳥革, 奄觀有宮之
枚枚, 牲潔醴淸, 庶歆其香之苾苾, 子孫不億其數, 士林永觀厥成,
玆伸短辭, 助擧脩樑.

　兒郞偉抛樑東, 公山秀氣曉蔥蘢.

　此心提掇如初皦, 嚴肅虛明捧璧同.

　兒郞偉抛樑西, 圓峯特立未能梯.

　蓐收有意呈金氣, 紅燭朝天語欵稽.

　兒郞偉抛樑南, 石上飛流下作潭.

　潭上有魚魚自躍, 須看至理此中涵.

　兒郞偉抛樑北, 蒼崖壁立臨無極.

　丈夫氣槩看千仞, 雨打風掀摧不得.

　兒郞偉抛樑上, 夜看衆星光迭盪.

　天地有文亦在我, 何敎墨墨終迷障.

　兒郞偉抛樑下, 淸流如帶潺湲瀉.

　盈科進處達于海, 莫使停休夜或舍.

　伏願上樑之後, 棟宇不改, 香火無愆, 瞻廟庭之駿奔, 惟本支多士
之何盛, 想精靈之陟降于臨湖近邑而有光, 國族聚於斯懿歟, 宗誼
之益篤, 生徒業有所, 佇見文風之丕興.

　부림은 옛 인현지향仁賢之鄕으로 한 문중이 대대로 살아 왔다.
유서 깊은 율리는 저 시상柴桑과 같은 지역인지라, 삼현三賢(敬齋·

虛白·寓庵)의 묘우廟宇와 향사가 이제 이루어졌으니 아름답기 태양과 같고 영송詠誦함의 가락은 향기롭도다.

삼가 생각하건대, 경재 홍선생은 구슬 같은 자질과 얼음 같은 깨끗한 지조志操를 지녀 일곱 살에 효경에 통하였고 진학과 수업의 조예가 뛰어나더니, 삼은三隱과 도道로써 사귀었고 출처행장出處行藏을 함께하였다. 사람도 죽고 나라도 망함에 강상綱常의 중대함을 자임했으나 세대가 지나가고 은택이 멀어지자 그의 순국殉國한 충심은 점점 잊혀지게 되었다. 나이 스물일곱에 그와 같은 큰 업적을 이루었는데도 삼백여 년이나 세상에 알려지지 않았으니 어찌 안타깝지 않으리오.

허백정虛伯亭 홍선생은 백세의 종사宗師요 일대의 훌륭한 대제학大提學으로서 몇 해 동안 세조·성종의 은혜를 입자 바야흐로 왕도의 계책을 펼치려 했으나 불행하게도 연산군燕山君의 폭정을 만나게 되었다. 오직 죽음으로써 선주先主 성종成宗의 은덕에 보답하고자 직언극간直言極諫하여 도거刀鉅(형벌)를 조금도 두려워하지 않았다. 마침내 변방 유배지에서 처형을 당하니 어찌 촉루鏃鏤에 눈이 없으랴. 소인들도 두려워하는 바 있어 감히 선을 가로막지 못하더니 중종반정을 기다려서야 죄명이 풀리었다.

우암寓菴 홍선생 역시 이름난 아버지에 훌륭한 아들로서 사걸四傑 가운데 으뜸이었고 과거에 급제하여 벼슬길이 순탄하였으며, 삼형제 중에 중간으로서 죽림竹林에서 오실梧實을 먹고 사는 난새가 곡치鵠峙에 앉은 듯, 문장은 그 다음이었다. 사리의 옳고 그름을 취하고 버림이 이미 분명했으며 충성과 효성은 본래 집안의 전통이었으므로, 성낸 호랑이의 울부짖음에도 두려워하지 않았으니 이것이야말로 죽음으로서 옳은 일을 지킬 수 있었음이로다. 이런 일을 자신의 만사輓詞로 지어 사람들을 슬프게 한 지 오래되었도다.

유도儒道가 우리나라에 들어온 것은 오래지만 조선조에 이르러 크게 천명되었으니, 위대하도다, 그 전환기의 육성이 선생의 가문에 이르러 이루어졌음이여. 그러나 누가 후세의 자운子雲(揚雄) 같은 사람이 되어 세상에 드러나지 않는 은덕隱德을 드러나게 할 것인가. 금일에 묘우를 지어 모심에 관한 의론은 구덕과 본향에 비해 늦은 감이 있다. 돌아보건대 부계缶溪는 깊숙한 산속으로 물 맑고 산이 빼어난 곳이라 옛날부터 훌륭한 조상과 후손들이 대를 이어 제사해 왔음을 상상케 하도다. 목공들은 모두가 재능과 기술을 여기에 기울였으며, 재실을 지을 재목은 대부분 가까운 산에서 취해 공역을 쉽게 마무리할 수 있었도다. 건물 모양은 새가 날개를 펴고 날아가는 듯 볼수록 궁실의 격식을 갖추었고, 제물祭物은 청결하고 술잔은 깨끗하니 그 향기를 흠향할 만하도다. 자손은 그 수가 많지 않지만 사림은 영원히 그 성취를 바라볼 것이로다. 이에 짧은 글을 지어 상량의 큰일을 돕고자 하노라.

어영차, 대들보를 동쪽으로 저어 보세,
팔공산 빼난 기상 새벽빛 푸르구나.

이 마음 가다듬어 처음같이 빛내고자,
엄숙히 정성 다해 벽옥처럼 받들리라.

어영차 대들보를 서쪽으로 저어 보세,
둥근 봉峰 우뚝하나 오르지 못할쏘냐.
추수할 들판에는 금기金氣를 띠었는데,
붉게 타는 아침하늘 그 누가 말하리요.

어영차 대들보를 남쪽으로 저어 보세,
층암에서 떨어진 폭포 그 아래 못 이루네.
못 속의 고기는 스스로 뛰노는데,
지극한 이치를 여기에서 보려무나.

어영차 대들보를 북쪽으로 저어 보세,
깎아지른 절벽이 하늘 높이 솟아 있네.
장부의 높은 기개氣槪 천 길이나 뻗친 듯,
비바람 불어와도 흔들릴 수 있으랴.

어영차 대들보를 위로 올려 보세,
밤하늘에 뭇 별들이 질탕히 빛나네.
천지간의 조화질서 나에게도 있으니,
어이해 캄캄하여 행할 길 없다 하리.

어영차 대들보를 아래로 내려 보세,

맑은 물 내를 이뤄 잔잔히 흘러가네.

차고 또 넘쳐 바다까지 이르나니,

밤에도 쉬지 말고 영원히 이어가라.

삼가 비옵건대, 이 집을 지은 후에 다시 고치는 일이 없고 향화香火가 끊어지는 일이 없도록 해 주소서. 묘정을 바라보니 본손과 지손 및 많은 선비들이 모였으니, 정령들께서 임호와 근암에 강림하시자 광채가 났음을 상상하매 국족들이 이곳에 모임은 얼마나 아름답습니까. 자손들의 우애가 더욱 돈독하고 원생들은 익히는 바가 있어 문풍이 크게 일어남을 바라볼 수 있도록 해 주소서.

세덕사 봉안문[世德祠奉安文]

이상정李象靖

圭璋令資, 氷蘗雅操, 庭傳詩禮, 學究誠明, 弱歲蜚英, 歷敭華顯,
文章德行, 冠冕一時, 國步艱危, 炳幾逞遯, 園成栗里, 五柳在門, 偉
節淸風, 輝映百代, 鄕鄰慕德, 公誦愈深, 尸祝纔崇, 邦制旋掣, 惟陳
董氏, 寔創別祠, 藐玆後昆, 積年經紀, 某邱某水, 有侐閟宮, 剋日蠲
誠, 式薦牲醴, 恭惟虛白, 曁厥寅菴, 襲美竝休, 竝萃一室, 合堂同牒,
情禮卽宜, 像設儼然, 精爽如在, 報事伊始, 祇肅駿奔, 惠我後人, 永
世無斁.

구슬같이 아름다운 자질과 얼음같이 깨끗한 지조로 시례詩禮의
훌륭한 교육을 받아 학구學究에 정성을 다하였고, 약년弱年에
벼슬길에 올라 그 명성을 떨치시니 문장과 덕행이 한때 으뜸이
되시었습니다. 나라의 형편이 몹시 위태로움에 정세를 미리 살피
고 멀리 고향 율리栗里에 숨어 문 앞에 오류五柳를 심으시니 그
위절偉節과 청풍淸風이 백대에 빛나고 고을과 이웃이 그 덕을
추모하였습니다.

사림士林의 공론으로 서원을 세웠으나 나라의 철폐령이 내려 헐리게 되었으니 진동씨陳董氏의 고사故事에 따라 별사別祠를 새로이 짓기로 하였습니다. 후생들이 다년간 경영하여 산수 좋은 곳에 그윽하고 조용한 집을 세워 깨끗한 정성을 모아 예법에 좇아 향사를 지내옵니다. 삼가 허백虛伯, 우암寓菴 양 선생을 전례에 따라 한 당에 모셔 제사하오니 정情과 예禮에 마땅하옵니다. 상탁像卓을 설치하니 정령이 엄연히 계시는 듯, 받드는 일은 이제부터 시작입니다. 정성껏 모시겠사오니 오로지 후인들로 하여금 영원히 그침이 없도록 해 주소서.

상향축문[常享祝文]   이광정李光靖

顯親遂志, 忠孝一理, 淸風五柳, 今古栗里.

어버이 드러나게 하고 뜻을 이룸은 충과 효가 하나로 통함이요, 청풍에 나부끼는 다섯 그루 버드나무 예나 이제나 율리에 있네.

양산서원 승호 시 개제고유문

[陽山書院陞號時改題告由文]

정희鄭熺

緊初廟饗, 饗由子孫, 寔倣陳董, 尙簡儀文, 公議未泯, 爰圖共尊, 淸風百代, 衿佩駿奔, 祭何止社, 禮宜陞邊, 兹將改題, 先師是云, 諏日擇士, 告厥苾芬.

처음 자손들이 묘당의 제사를 진동씨陳董氏의 본을 받아 의문儀文을 간소하게 하였는데, 사림士林의 공의가 없어지지 않아 이제 자손과 사림이 다함께 받들기로 하였나이다. 청풍이 백대를 이어 역시 많은 선비들이 모였으니, 어찌 제사를 한 번으로만 그치오리까. 예를 다해 춘추로 향사를 지냄이 마땅함에, 이에 선례대로 서원으로 개제改題하고 좋은 날을 가려서 이 아름다운 행사를 고하나이다.

양산서원 승호 시 환안문

[陽山書院陞號時還安文]

정희鄭熺

資挺良玉, 神凝秋水, 聞詩聞禮, 有學有守, 妙年蜚英, 館閣之右,
長途方騁, 國步斯頻, 炳幾先作, 卷懷林園, 一敬名齋, 五柳種門, 今
古栗里, 伯仲淸芬, 聞風百代, 采菽中原, 徒深敬慕, 未遑精禋, 有翼
斯廟, 本支攸建, 始雖報本, 因可揭虔, 輿議克協, 豆籩是薦, 三賢一
堂, 精爽如在, 於千萬年, 芬苾伊始, 有來駿奔, 春秋匪懈, 庶幾惠我,
陟降庭止.

자질은 훌륭한 옥과 같으시고 그 정신은 가을 물과 같이 맑으시
어, 시詩와 예禮를 익히셨으며 학문도 갖추시고 조행도 지키셨습
니다. 약관에 벼슬하여 명성이 높으시고 앞길도 밝으셨는데,
나라 일이 어지러워지자 국운이 다했음을 미리 알고 전원田園으
로 돌아오셨나이다. 경敬을 한결같이 하시어 재명齋名으로 삼으시
고 문 앞에 오류를 심으셨으니, 고금 율리에 자욱한 맑은 그
향기 백대토록 이어져 왔습니다. 세상의 군자들이 경모해 왔으나
이제까지 제사도 받들지 못하였나이다. 이제 이 묘우를 도우는

이 있어 본손과 지손이 건물을 세워 비로소 제사를 모시며 경건하게 알림으로써 사림이 협력하여 향사를 올리게 되었습니다. 세 선생을 한 묘우에 모심에 영혼이 여기에 계시는 듯합니다. 영원한 향화는 이제부터 시작인지라, 참여하는 손님들은 춘추로 열심히 제사지내오리니 정령들께서는 이들을 위해 강림하소서.

사액賜額을 청원하는 상소문[請額上言]

갑인년甲寅年(정조 18, 1794) 8월 일
도내 선비 유학幼學 이재혐李載馦·
김양호金養浩·이정곤李挺坤 등

伏以, 褒忠尙節, 晟代之徽典, 欽風慕義, 章甫之秉彝也. 前朝之
名節, 而異代之播揚者, 豈非儀範今世, 激勵後人哉. 古之表比干閭,
封王蠋墓者, 蓋爲此也. 以言乎麗末則, 或有殺身成仁以殉社稷, 或
有守義罔僕以保名節. 而恭惟我列聖朝, 褒尙之典, 靡不用其極, 專
由於扶植風敎, 爲萬世立綱常者也. 竊伏念, 本道義興縣, 有陽山祠,
卽故忠臣高麗舍人洪魯妥靈之所也. 洪魯之苦心貞節, 道學淵源,
可質於諸先賢所撰文字中, 而當時同節者, 有文忠公鄭夢周, 文靖
公李穡, 忠節公吉再是耳. 蓋洪魯之登第筮仕在於恭讓末年, 而見
國事日非, 遂決意歸田, 移疾不俟報而行, 時與鄭夢周·李穡, 義兼
師友, 而不見其歸, 恐其不遣歸也. 又不欲見志於人也. 手植五柳於
門前, 每月夜, 誦淵明詩, 及聞鄭夢周死, 泫然流涕曰, 人之云亡, 邦
國殄瘁. 自是廢食成疾, 遂北向四拜而死, 卽壬申七月十七日也. 有
若干詩行于世, 而觀其靜中·太極吟, 則淵源之接於鄭夢周矣. 觀
其寫懷·歸田吟, 則去就之符於吉再矣. 先正臣文敬公許穆, 序其

詩集曰. 襲九齋圭臬之芬, 著一心誠正之學, 持身謹重, 爲世所宗,
勝國皮殿中子休狀其行曰, 平生所學誠敬上做著, 又曰, 見時事維
棘, 遂決歸田之計, 稱疾乞退. 又曰, 公內舅文和公作文以弔之曰,
圭璋之質, 冰蘗之操, 智炳幾先, 學矜來後, 噫西山採薇之風, 栗里
詠菊之節, 庶可竝美於前後, 而南歸之志, 北向之拜, 可見其一片丹
心矣. 惜乎, 其志微, 其跡婉, 當時藝閣諸人, 不曾稱述, 至今累百載
之下, 尙未蒙爵諡頒額之恩, 第切向隅之歎, 而本朝先正臣文匡公
洪貴達・燕山朝直節名臣洪彦忠腏享於一廟, 蓋以三賢之竝出於
一門, 而義興爲桑梓之鄕也. 洪貴達・洪彦忠之文章懿範, 夾言直
節, 俱載於海東名臣錄及國朝史籍, 而洪貴達被世祖成廟兩朝之
殊恩, 久典文衡, 累掌銓選, 而言無不盡諫無不入, 逮至廢朝, 終始
抗言, 不避斧鑕, 卒以直諫而死, 所陳諫疏凡累千言, 而觀其疏, 有
曰, 願欲少報於聖明之朝, 又曰惟有一寸丹心, 知無不言, 蓋受兩朝
厚遇之恩, 以遺嗣王義, 不得不以死爭之也. 太常之諡, 以文匡非以
是耶. 其平日見道之明, 立志之確, 可質神明, 而洪彦忠之守義立節,
視死如歸, 眞所謂俯仰無愧矣. 噫, 前朝之節臣, 有如洪魯, 聖朝之
直臣, 有如洪貴達洪彦忠, 一門三賢, 百世丹心而歸, 然遺祠迄未蒙
額, 靑衿之慨悒, 已無可論, 而在朝家褒崇之道, 實爲欠典. 惟我聖
明臨御以來, 揚微闡幽, 無遠不屆, 凡在三百州忠義之蹟, 燦然彌彰,
而實爲億萬年鞏固之根本, 則惟此貫日之忠, 如矢之義, 獨漏於大
同之澤者誠冤矣. 又況洪魯之節義與吉再一而二者, 而贈諡宣額,
尙有彼此之殊者, 恐有缺於一體尙節之恩. 玆敢裹足千里, 聯籲於

凝旒之下, 伏乞, 以忠而褒洪魯, 以義而嘉洪貴達·洪彦忠, 本縣所享之祠, 特賜恩額, 使此忠義三賢, 竝著一世事, 謹啓. 小註: 留中不下.

충의를 포상하고 절의를 숭상함은 좋은 시대의 아름다운 법이오며, 미풍과 충의를 흠모함은 유생儒生들의 상도常道이옵니다. 전조前朝의 이름난 충절을 후대에 전양함은 어찌 오늘날 후인들을 격려하는 의범儀範이 아니오리까. 옛날에 비간比干의 여閭를 지어 표창하고 왕촉王蠋의 무덤을 봉한 것도 모두 이러한 뜻에서 한 일이 아니겠나이까. 고려 말에 살신성인하여 사직에 순殉하고 혹 망국의 신하로 절의를 지킴으로써 그 이름과 절개를 보전했는데, 우리 열성조列聖朝에서 포상의 은전恩典이 지극히 사소한 것에까지 미치지 않음이 없음은 오로지 풍교風敎를 부식扶植하여 만고의 강상綱常을 세우기 위함인 줄 아나이다.

엎드려 생각하옵건대, 본도本道 의흥현義興縣에 양산서원陽山書院이 있으니, 이는 곧 옛 충신 고려 문하사인門下舍人 홍로洪魯의 영위를 모신 곳이옵니다. 홍로洪魯의 고심苦心과 충절은 도학에 연원하였음을 여러 선현들이 지은 글 중에서 가히 알 수 있거니와, 당시의 동절자同節者로는 문충공文忠公 정몽주鄭夢周, 문정공文靖公 이색李穡, 충절공忠節公 길재吉再 등이 있사옵니다.

홍로洪魯가 과거에 급제해서 처음 벼슬길에 올라 관직에 있은 것은 공양왕 말년(1392)이었는데, 국사가 날로 그릇되어 감을 보고 드디어 고향으로 돌아갈 것을 결심하여 병이라 일컫고 저보邸報도 기다릴 사이 없이 가 버렸다 하옵니다. 이때 정몽주, 이색 등과 의義를 같이한 사우師友들이 그가 돌아감을 보지 못했으니, 그가 돌아가겠다는 뜻을 말하면 보내 주지 않을 것을 짐작했거니와 아울러 그의 뜻을 남들이 아는 것을 싫어했다고 하나이다.

문 앞에 오류五柳를 손수 심고 달 밝은 밤이면 도연명의 시를 애송하였는데, 정몽주가 죽었다는 소식을 듣고는 슬피 눈물 흘리며 "사람도 죽고 나라도 망하는구나" 하고 이로부터 음식을 먹지 않고 병이 나서 마침내 북향사배北向四拜한 후 죽으니 이때가 임신년壬申年(1392) 7월 17일이옵니다. 그의 약간의 시가 세상에 전해오는데, 그 중에 정중음靜中吟과 태극음太極吟을 보면 정몽주의 영향을 받았으며 사회寫懷와 귀전음歸田吟을 보면 그 거취가 길재와 꼭 같나이다.

선정신先正臣 문경공文敬公 허조許稠가 시집 서문에서 말하기를 "구재九齋 최충崔沖의 훌륭한 학통學統을 이어받아 한마음으로 성실하고 바른 학문을 닦았으며, 몸가짐이 근중하여 세상의 종사가 될 만하다"라고 했고, 피전중皮殿中 자휴子休는 행장에서 "그의 평생 배운 바가 성실하고 경건하여 남보다 뛰어났다" 하고 또 말하기를 "시사時事가 어지러움을 보고 마침내 고향으로 돌아갈 것을 결심, 병이라 말하고 물러났다"라고 했으며, 또 그의 외삼촌 문화공文和公은 그를 조위弔慰한 글에서 "아름다운 자질과 훌륭한 지조를 가진 그대, 지혜는 앞일을 살필 만큼 밝고 학문은 후인들의 규범이 될 만하다"라고 했나이다.

아! 서산의 채미지풍採薇之風과 율리栗里의 영국지절詠菊之節은 두 전후대의 아름다운 일이오며 남쪽으로 돌아온 지조와 북쪽을 향하여 절을 한 것은 가히 그의 단심丹心을 엿볼 수 있사옵니다. 애석하옵니다. 그의 지조와 행적이 드러나지 않았음은 당시 예문각藝文閣의 제인諸人이 일찍이 논술하지 않았기 때문으로 아옵니다. 지금까지 수백년동안 작시爵諡와 사액賜額의 은전을 입지 못했음은 향우지탄向隅之歎을 금치 못할 일이옵니다.

본조의 선정신先正臣 문광공文匡公 홍귀달洪貴達과 연산조의 직절명신直節名臣 홍언충洪彦忠을 한 묘당에 배양한 것은 삼현이 일문이기 때문이니 의흥현은 곧 선조를 공경하는 고을이옵니다. 홍귀달, 홍언충의 문장의범文章懿範과 상언직절爽言直節은 『해동명신록海東名臣錄』과 『국조사적國朝仕籍』에 상세히 실려 있사옵니다. 홍귀달은 세조와 성종 양조에 은혜를 입어 오랫동안 대제학으로 있으면서 인재선발을 관장했는데, 그의 간언諫言은 다함이 없었고 또 그의 간언이 들어가지 않음이 없었사옵니다. 폐조(연산조)에 이르러서는 시종 바른 말을 하여 형벌을 피하지 않고 죽음으로써 직간했으며, 귀양 간 사지死地에서도 소疎를 올려 간하니 무릇 수천 언을 헤아리나이다. 그 소에서 말하기를 "원컨대 성명지조聖明之朝에 조금이라도 은전恩典을 갚고자 함에 있다" 하고 또 "오직 일촌단심一寸丹心으로 알면서 말하지 않을 수 없다" 했으니, 양조의 후은을 입어 사왕嗣王에 대한 의리로 부득불 죽음으로써 항쟁한 것이옵니다. 태상시太常寺에서 시호를 문광文匡이라

한 것은 이 때문이 아니겠나이까. 그의 평소 식견이 도에 밝고 입지立志가 확고했음을 밝게 알 수 있사옵니다. 홍언충洪彦忠의 수의守義와 입지 또한 죽음을 보고도 태연했으니 하늘을 우러러 부끄러움이 없는 줄 아나이다.

아! 전조前朝의 절신節臣 홍로와 이조李朝의 직신直臣 홍귀달洪貴達·홍언충洪彦忠은 일문으로서 이 삼현의 백세단충百世丹忠이 우뚝하게 드러났으나 그 유사遺祠는 사액賜額의 은전을 입지 못했으니, 유생으로서의 강개함 이루 다 말할 수 없으며 실로 조정의 포숭지도褒崇之道에 흠이 되는 것이옵니다. 성상께서 보좌에 오르신 이래 삼백주三百州의 드러나지 않는 충의忠義의 자취를 찬연히 드러내어 포상하니 이는 실로 나라의 근본됨을 억만년 공고히 하는 것이오나, 오직 해를 뚫는 충성과 화살 같은 의리를 다 같이 입는 은전에서 빠뜨렸음은 진실로 원통한 일이옵니다. 더욱이 홍로의 절의는 길재와 꼭 같은데 시액諡額을 내림에는 피차가 다르니, 이것은 절의를 숭상하는 은전에 결함이 생기지 않을까 우려되나이다. 이에 감히 천리를 멀다 하지 않고 달려와 청원하오니 충忠으로써 홍로를, 의義로써 홍귀달과 홍언충을 포상하여 본 고을에서 향사하는 사당에 사액의 은전을 베푸신다면 이는 삼현의 충의가 일세에 함께 드러나는 일이 되겠나이다. 삼가 장계를 올리나이다.

소주: 장계가 중간에 머물러 비답이 내려오지 않았다.

예조에 올리는 글[呈禮曹文]

을묘년乙卯年(정조 19, 1795) 10월 일
유생儒生 유학幼學 인동仁同 장동욱張東旭,
의성義城 김양호金養浩, 영천永川 이승용李升龍,
대구大邱 채사로蔡師魯, 의흥義興 신홍申泓 등

伏以我東國名敎, 蔚然可觀, 稱爲小中華者, 以其有先賢忠義之
遺風也, 肆惟我列聖朝扶植之方, 褒尙之典, 至矣盡矣. 而當今聖明
臨御, 典禮彌隆, 獎掖崇報之恩, 靡不用其極, 凡在爲我國臣民者,
孰不思所以仰體洪恩, 興起斯文哉. 生等之本道義興縣, 有陽山書
院, 卽高麗舍人敬齋洪先生妥靈之所也. 夫先生之苦心卓節, 道
學淵源, 可質於諸先輩所撰文字中, 而當時同節者, 鄭圃隱 · 李
牧隱 · 吉冶隱是耳. 噫, 西山採薇之淸風, 栗里詠菊之貞節, 卓立千
古, 邈焉寡儔, 地之有其名, 而又有其人者, 實非偶然, 先生之居在
於栗里, 先生之廟在於陽山, 則俯仰千古, 誠可謂若合符契矣. 至今
累百年之久, 而士林景仰之誠, 采往采切者, 豈非卽地想人, 同出於
秉彝, 而自有不能已者乎. 中因道議之齊發以文匡公虛白亭洪先
生及寓庵洪先生配焉, 蓋建院之必於義縣, 追配之必於陽山者, 以
義縣爲先生桑梓之所, 而虛白寓庵爲先生一門之賢也. 虛白 · 寓
庵兩先生文章懿範, 昭載於海東名臣錄及國朝仕籍, 則何必疊床

而縷縷乎. 竊伏念, 三賢一廟, 百世可師, 而邈矣千里, 迄未蒙宣額
之恩典者, 實由於士林之未及陳請故也. 封疏叫閤, 固不必後於他
院, 而第因本院之凋殘, 尙未一擧公議之抑鬱容有已耶. 以此之故,
享禮及守護之具, 蕩然莫振, 若此不已, 則未蒙額之前, 殆不能保矣.
噫, 環東土數千里祠院非一, 而毋論額未額, 朝家典禮已有定式, 而
惟此本院, 則享奠與院生凡例, 徒存虛名, 反爲文具章甫之, 慨然爲
如何哉. 玆敢齊籲本院之享需凡節及院生額數, 依國典施行事, 別
加申飭, 俾有實效, 則風敎幸甚, 士林幸甚.

小註: 題曰, 無論賜額書院, 未賜額書院, 皆是薦籩豆, 致敬謹之地. 故自朝家定給募
軍, 該邑備給, 奠需亦出於優異之德意, 則近來各院之不均, 誠一痼弊, 不但事體
之未安, 當初定式之意, 果安在哉. 卽速如例定給之意, 發關該道云云. ○ 時判
書李得臣. ○ 禮曹關文. ○ 禮曹爲相考事節呈, 道內仁同幼學張東旭等, 呈辭內
云云, 是置無論賜額未賜額止, 果安在哉. 玆以發關, 卽速如例定給之意, 該邑良
中申明知, 委施行到付日時, 爲先回移云云. ○ 巡營關文. ○ 兼使爲相考事,
粘連禮曹關辭, 相考陽山書院院生募屬依法典, 卽速募入, 正案修報以爲營上
之地云云. ○ 時監司李泰永. ○ 本官甘結. ○ 卽因禮曹關據巡營關內陽山書院
院生募屬依法典, 卽速募入正案修報以爲營上之地, 關文來到, 玆以發甘該院
院生募屬, 卽速募入後修正案上官以爲轉報營門之地云云. ○ 時主倅 李洛秀.

  우리나라의 명교名敎가 울연蔚然하여 소중화小中華라고 하는
것은 선현들의 충의忠義의 유풍遺風이 있기 때문이옵니다. 우리
열성조列聖朝에서 충의를 기리는 포상지전襃賞之典이 극진하였사

온데, 이제 성상聖上이 임하시어 전례典禮가 융성하고 숭보지은崇報之恩을 베푸심이 극진한 데 이르렀사오니 우리나라의 신민臣民된 자가 누가 홍은洪恩이 널리 미치고 유림儒林이 흥성함을 생각하지 않겠나이까?

소생 등이 살고 있는 본도의 의흥현義興縣에 양산서원陽山書院이 있사온데, 이는 곧 고려의 사인舍人 경재敬齋 홍선생洪先生의 영위를 모신 곳이옵니다. 대저 선생의 고심탁절苦心卓節은 도학道學에서 연원하였음을 제 선배들의 글 중에서 가히 알 수가 있사오니, 당시의 동절자同節者는 정포은鄭圃隱과 이목은李牧隱, 길야은吉冶隱이옵니다.

아! 서산西山(首陽山)의 채미지풍採薇之風과 율리栗里의 영국지절詠菊之節은 천고에 드문 일이온데, 더욱이 땅에 그 이름이 있고 또한 그러한 인물이 있었음은 실로 우연이 아니라고 하겠나이다. 선생의 거소가 율리에 있고 선생의 묘우廟宇가 양산陽山에 있으니, 우러러 천고의 충성이 서로 부합된다 하겠나이다. 수백 년이 지난 지금까지 사림士林이 경모敬慕하는 정성이 간절한 것은 어찌 그 땅에 사람이 다 같이 병이秉彝에서 나왔다고 하지 않을 수 있으며 스스로 불능한 것이라고만 말할 수 있겠나이까.

도내道內의 의론이 일제히 일어나 문광공文匡公 허백정虛白亭 홍선생洪先生과 우암寓庵 홍선생을 양산에 추배한 것은 의흥현이 선생의 고향이기 때문이오니, 허백虛白, 우암寓庵 양선생은 선생의 일문의 현인賢人이옵니다. 허백, 우암 양선생의 문장과 의범懿範은

『해동명신록』과 『국조사적』에 소상히 기록되어 있사오니 누누이 설명할 필요가 있겠나이까. 엎드려 생각하옵건대 삼현을 한 묘당에 모시어 백세百世의 사표師表로 삼는 것이 옳은 일인 줄 아오나, 천리나 멀리 떨어져 아직도 선액宣額의 은전恩典을 입지 못하였음은 실은 사림士林의 진정陳情이 미치지 못한 까닭이옵니다. 이러한 진정이 타원他院에 뒤지지 않아야 할 것이오나 본원의 조잔凋殘으로 아직껏 공의公議로 억울함을 한 번도 진정한 일이 없사옵니다. 이러한 연유로 해서 향례지절享禮之節이나 수호지구守護之具가 떨쳐지지 못하게 되고 만다면 선액宣額을 입기 전에 거의 보존하기가 불가능할 것이옵니다.

아! 우리나라 수천 리에 서원이 하나뿐이 아니온데, 사액서원賜額書院이나 미사액서원未賜額書院을 할 것 없이 조정朝廷의 전례典禮에 따르고 있으나 오직 본원本院만은 향전享奠과 원생범례院生凡例가 허명虛名에 지나지 않아 선비들이 개탄하는 소리가 높사옵니다. 이제 감히 청하옵건대, 본원의 향수범절享需凡節과 원생 및 액수額數를 국전國典으로 시행케 하여 실효를 거두신다면 풍교風敎를 위해서도 다행한 일이오며 사림을 위해 또한 다행한 일이 되겠나이다.

소주: 제사題辭에 이르기를, "사액서원賜額書院이든 미사액서원未賜額書院이든 모두가 향사를 올려야 할 경건한 곳이므로 조정에서 정급모군定給募軍하여 해당 읍에 제수를 갖추어 지급하는 것은 특별히 우대하는 뜻에서 나온 것인데, 근래에 각 서원에 균일하지 못한 것은 하나의 폐단으로

사체事體에 미안한 일이다. 당초에 정한 법의 뜻이 과연 어디에 있는가. 속히 예例에 따라 지급하라는 공문을 해당 도에 발송하라" 운운. 당시 판서 이득신李得臣.

○ 예조관문禮曹關文 : 예조禮曹에서도 도내 손동욱孫東旭 등이 올린 청원문에 대해 "사액서원이든 미사액서원이든……과연 어디에 있는가. 이에 공문을 띄워 속히 정례대로 지급하라는 뜻을 해당 읍에 전하고 시행 일시를 우선 통보하라" 운운.

○ 순영관문巡營關文 : "겸사兼使는 예조의 관문關文에 의거해 이를 고찰하여 양산서원의 원생모속院生募屬을 법에 따라 즉시 모입募入하고 정안正案을 닦아 상급관서에 보고하라" 운운. 당시 감사 이태영 李泰永.

○ 본관감결本官甘結 : 곧 예조관문과 순영관문에 의거해 양산서원陽山書院의 원생모속院生募屬을 법에 따라 즉시 모입하고 정안正案을 닦아 상급관서에 보고하라는 공문이 내려오니, 이에 해당 서원에 공문을 띄워 원생모속을 즉시 모입하고 정안을 닦아 상급관서인 영문營門으로 다시 보고했다 운운. 당시 주쉬主倅 이낙수李絡秀.

양산서원 강당 중건 상량문[陽山書院講堂重建上樑文]

이상발李祥發

三賢竝腏, 公議可驗, 同人一堂, 增修規橅, 蓋取大壯, 眼前突兀,
心上經營. 恭惟敬齋洪先生, 志慕登山, 跡秘遯野, 圃翁歎, 牧老賞,
遇知音於同時, 敬字扁, 極圖吟, 得玅旨於絶學, 瞻鶴髮而諱病, 寸
寸草心, 夢龍顔而通神, 炳炳葵性, 政所謂忠孝兼備, 庶可期氏葉重
光, 果見虛白爺稟靈, 亦有寓庵翁踵美, 橋梓上下, 擢層秀於漢庭,
金石鏗鏘, 播希音於周雅, 瞻閩中而安止, 雲視文衡, 托言外而寓庸,
人推國器, 貽謨則金心鐵面, 典刑則麟角鳳毛, 始也戴盆而飮寃, 縱
被尺霧障日, 終焉昭雪而尊德, 允協同宮薦禋, 肆於缶林靈區, 爰設
庚桑尸祝, 八公鍾淑, 哲人之生長, 有村兩賢, 聯芳名門之貫籍, 是
地殆類蔡氏麻沙建廟, 豈止社儀蓋倣魯公浯溪, 遺規仍陞, 院號第
緣, 講堂之狹隘久欠, 多士之觀瞻惟新, 是圖豈待遠近齊倡, 撤舊改
制, 實由本支殫誠, 左爲夾, 右爲寮, 間架益大, 山如聳, 水如動, 物色
咸欣, 苟欲尊道而象賢, 莫如合堂而觀善, 杜陵翁思庇廣厦, 殆歸虛
夸, 筠州社增飾正齋, 佇見實效, 自此肄業有所, 宛爾罄欬之親承,

從今寓慕無窮, 肅然函丈間侍坐, 勿替崇奉之典, 永爲依歸之方, 請駐郢斤, 試聽巴唱.

兒郎偉抛樑東, 霧罷前林日吐紅.

留揭當時心事皦, 誰言畵手世無工.

兒郎偉抛樑西, 春蕨秋英極望迷.

一種淸風吹不盡, 無人更續晦翁題.

兒郎偉抛樑南, 萬丈公山碧落參.

名節爭高誰最大, 吾人從古貴爲男.

兒郎偉抛樑北, 有石森然表獨立.

水涸霜淸猶不磷, 使人對此心先肅.

兒郎偉抛樑上, 月印晴空涵萬象.

光影雖分本體全, 此心要在善吾養.

兒郎偉抛樑下, 谷谷紅漚滿眼瀉.

始信花源非別區, 桑麻是處見平野.

伏願上樑之後, 儒風不變, 院貌益新, 壁揭鹿洞舊規, 奚但誦讀而止, 堂開湖學遺制, 允宜講劘是先, 歷浩劫而長存, 棟宇免風雨之會, 薦縟儀而起敬, 生徒崇節義之堅. 詩曰,

陽祠一體祭三賢, 松栢蕭森歲暮天.

病託歸田人莫識, 焚經烈火玉彌堅.

山空化碧周臣血, 菊老書黃晉士年.

此去烏岑知幾許, 精靈兩地水行然.

삼현三賢을 나란히 제사해야 옳다는 공의가 이루어져, 동인일당同人一堂으로 사당을 증수함에 규모가 웅장하여 눈앞에 우뚝 솟았으니, 마음속으로 경영해 온 지 오래였도다. 삼가 생각건대, 경재 홍선생이 마음속으로 백이伯夷의 충절을 사모하여 전원에 자취를 감춤에 포은圃隱은 아깝다 탄식하고 목은牧隱은 훌륭하다 칭찬했으니 이는 진정 알아주는 사람을 만난 것이며, 경재敬齋라는 편액을 달고 태극음太極吟이란 시를 읊었으니 절학絶學의 상태에서 현묘한 이치를 얻었음이로다. 부모의 흰머리를 보고 그의 병을 감추었음은 절절한 효심이었으며, 꿈속에서 임금님을 만나 정신을 통했음은 일편단심의 충성이었도다. 충효가 겸비하면 거듭해서 한집안에 훌륭한 인물이 난다고 한바, 과연 허백虛白의 타고난 신령함과 우암寓庵의 훌륭한 자취를 보겠다. 부자가 대를 이어 조정에서 뛰어났고, 금석문은 유명하여 문단에 널리 알려졌다. 은거하여 문형文衡을 뜬구름같이 보고 바깥일에 일체 관여하지 않으니, 사람들이 국기國器라 추앙하였다. 지조는 쇠와 같이 굳고 용모는 기린麒麟과 봉鳳이었으니, 처음에는 국은國恩을 입었으나 억울한 일을 당해 해가 안개에 가린 듯했지만 나중에는 밝게 설원하여 그 높은 덕을 기리어 다함께 향사하게 되었다.

여기 부림缶林 신성한 곳에 원사院祠를 지었으니, 팔공산의 정기를 받아 철인哲人이 생장한 마을이요 양현兩賢이 함께 빛나는 명문의 관향이다. 이곳은 채씨蔡氏가 마사麻沙땅에 사당을 세운 것처럼 어찌 사社에만 그치랴 하여 노공魯公(顔眞卿)의 오계浯溪

규모에 따라 서원으로 높였는데, 강당이 좁아 많은 선비들이 모이지 못함에 이제 새로이 남의 협조를 기다리지 않고 자손들의 정성으로 옛집을 헐고 새집을 경영하니, 좌우에 방을 넣고 가운데 큰 청을 두매 마치 산이 솟아오르는 듯 물이 흐르는 듯하여 물색이 더욱 좋아졌다. 진실로 도를 높이고 현인들을 높이려면 한 당堂에 모셔 선함을 봄만 같지 못할진대, 두자미杜子美가 넓은 집을 생각한 것은 이제 헛걱정이 되었고 균주筠州의 사社를 중수하여 정재正齋로 함과 같이 되었도다. 여기에 학업을 닦을 곳이 마련되어 완연히 선생의 가르침을 받게 되었으니, 지금부터 사모함이 무궁토록 숙연하여 노소가 모여앉아 높이 받들어 모심의 의전을 그치지 말고 영원한 의귀의 방도로 삼아야 할 것이다. 이에 대목을 청하여 상량의 노래를 들어 보고자 한다.

어영차 대들보를 동으로 저어 보세,
안개 걷힌 앞 수풀에 붉은 해 돋아 오네.
당시의 심사를 내어 걸어 빛나게 하니,
그 누가 이 세상에 공인工人 없다 말을 하리.

어영차 대들보를 서쪽으로 저어 보세,
봄 고사리 가을 국화 볼수록 아득하네.
한 가닥 청풍이 다함없이 불어오는데,
그 누가 주자朱子 글을 이을 사람 있으리요.

어영차 대들보를 남쪽으로 저어 보세,
높다란 팔공산이 푸른 하늘에 솟았구나.
명예와 절개 높음을 다투면 뉘 가장 크리,
우리들은 예부터 대장부를 귀히 여겼도다.

어영차 대들보를 북쪽으로 저어 보세.
큰 바위 삼연森然하게 홀로 우뚝 서 있구나.
물에 젖고 서리차도 부서질 줄 모르나니,
이 바위 대함에 마음 먼저 엄숙해지네.

어영차 대들보를 위로 들어 올려 보세,
밝은 달이 하늘에서 천태만상 비치누나.
빛과 그림자 다르지만 본체는 하나이니,
내 마음 수양함에 이와 같이 하리라.

어영차 대들보를 밑으로 내려 보세,
골골마다 단풍 물결 황홀하게 흐르는구나.
무릉도원이 여기임을 비로소 알겠나니,
뽕나무와 삼을 심은 들판 눈앞에 펼쳐 있네.

엎드려 비옵건대, 이 집을 지은 후에 유풍遺風이 변치 말고
원모院貌가 더욱 새로워져서, 백록동白鹿洞 구규舊規를 벽에다 걸어
두고 글을 읽을 뿐만 아니라 호학湖學의 유제遺制를 따라 학문을

닦게 해 주소서. 그리고 온갖 풍우에도 이 집을 길이 보존하여
향사를 지내고 원생들은 절의節義의 굳음을 숭상하게 해 주소서.
이에 시를 한 수 지어 이르노니,

양산서원 한 묘우에 삼현을 제사하니,
송백은 소소히 세모천歲慕天에 우거졌네.
우국 신병으로 전원에 돌아옴을 아는 이 없었어도,
분경열화 같은 충정은 곤산의 옥보다 굳었으리.
공산 하늘의 푸르름은 백이의 영혼이며,
국화 피어 누른색은 도연명 그때일레라.
여기서 금오산이 얼마나 먼가,
정령精靈은 두 곳을 물 흐르듯 오가리라.

양산서원 강당 중건기[陽山書院講堂重建記]

八公之山, 迤邐西南走行十餘里, 又折而北走, 衆峰環立如拱揖者
首山, 又北走數里許, 崗巒鬱鬱翁翁者陽山也, 合二山而言之則首陽
山也. 山有松栢長焉, 薇蕨生焉, 南有飛瀑直下數十尺, 滙爲一潭, 深
不可測, 因繞谷而北流, 北有蒼壁屹立數百丈, 有丈夫氣像, 中有書
院, 卽敬齋洪先生妥靈之所, 而以虛白亭洪先生寓庵洪先生竝享焉.
院號之稱以陽山, 蓋因其地名而想像先生之道義風烈也. 惟我先祖
敬齋先生, 當麗氏運訖, 見幾先作退卜于此, 逍遙於兩山之間, 而尙
友乎西山高躅, 故後人景慕而俎豆之, 迺取其節義之相媲, 地名之偶
合, 而因建院于此, 名之曰陽山書院, 院之作在於肅廟庚寅, 而祠以
陞院亦尙矣, 院宇舊在湧才之麓, 而三遷而建于此, 故講舍凡百頗凋
殘, 不稱制度, 尋常慨歎者久矣. 歲乙丑春, 以國恤未克享, 吾從君宅
坤合一二同志謀曰, 今番所需物資雖甚寡, 若逐歲補長, 庶可爲日後
藏修之資, 遂親自扛夯, 其用意立心, 豈徒爲先而止哉. 將以啓後學
於無窮矣. 嗚呼功未就而早逝, 其孤秉周, 遹追先意, 繼而幹其事. 至
于今日, 而物力亦不爲不多, 迺者僉議峻發, 以爲重建講堂之計, 乃

於戊寅春, 伐木于先壟, 敦族人漢瑞甫, 尸其事, 自二月初吉攻位, 越三年庚辰三月日, 功告訖, 堂凡十架, 左右寮夾相對, 東曰立懦, 西曰求仁, 三楹爲正堂, 堂曰興教, 合堂與室而揭舊扁, 又掄舊堂之材, 仍搆於正堂之南, 命曰挹淸樓, 樓之傍鑿而寶之引水漑, 其中名之曰, 半畝塘. 於是乎, 昔之委靡者, 今焉綴密, 昔之陋隘者, 今焉奐輪, 多士有所依歸, 後學有所講習, 登是堂而入此室者, 想敬翁之淸標, 則思所以矜式之, 慕涵虛之節操, 則思所以砥礪之, 景寓庵之問學, 則思所以師表之, 周旋進退, 不自知其立懦而廉頑, 則祠院之作, 其有關於風教也審矣. 然氣數升降, 廢興無常, 今日之落其成, 豈由於士林與子孫之殫誠, 而不朽之責, 顧不在於用力之何如耶. 院之左右, 深邃奇絶處, 可亭而可臺者亦多有之. 而力綿未及之, 後之君子有踵而成之者, 又幸之幸矣. 蓋勉旃乎哉. 旣以諗于僉退而爲之記.

庚辰三月日 後孫 通政大夫敦寧府都正 宅夏 謹書

　팔공산맥 한 줄기가 구불구불 서남으로 십여 리를 달리다가 다시 꺾여 남쪽으로 치달아 중봉衆峰이 읍揖을 하듯 둘러싼 곳을 수산이라 일컫고, 또다시 북으로 몇 리를 달려서 봉우리를 이루어 울창하게 우거진 곳을 양산이라 한다. 이 두 산을 합하여 수양산이라 부르는데 송백이 뻗어 있고 고사리가 자란다. 그 남쪽에 폭포가 있어 직하 수십 척 아래에서 웅덩이를 이루니 그 깊이를 알 수가 없다. 골짜기를 따라 개울이 북으로 흐르는데, 북쪽에는 푸른 절벽이 수백 길이나 우뚝 솟아 장부의 기상이 서려 있다. 그 가운데

서원이 있으니 곧 경재 홍선생의 영위를 모신 곳으로 허백정虛白亭 홍선생, 우암寓庵 홍선생도 함께 배향했다. 원院의 이름을 양산이라고 한 것은 그 지명이 선생의 도의와 충렬을 상상할 수 있기 때문이다. 나의 선조 경재 홍선생은 고려의 운이 다함을 먼저 알고 물러나와 이 양산을 소요했으니 후인들이 서산 백이의 자취와 같다 하여 경모하고 향사를 치르고 있는데, 그 지명과 절의가 우연히 같아 원을 세워 양산서원이라 부른 것이다.

원을 처음 세운 것은 숙종 경인년(1710)으로 사祠를 원院으로 승격하였다. 원의 건물이 처음에는 용재 기슭(湧才之麓)에 있었던바 세 번이나 옮겨지음에 집이 낡고 헐어 모든 제도가 말이 아니게 되니 이를 개탄해 온 지 오래였다. 을축년(1805) 봄에 국휼國恤로 인해 향사하지 못하고 나의 사촌 택곤宅坤과 한두 사람이 뜻을 모아 의논하기를, 이번 제수에 소요되는 물자가 비록 부족하나 해마다 늘리면 후일에 보수할 자물資物이 될 것이니 내가 담당하겠다고 자청하니, 그 뜻이 위선爲先함에만 있을 뿐만 아니라 장차 후학을 계도啓導하여 길이 이어가는 데 있었던 것이다. 그러나 슬픈 일이다. 택곤宅坤은 그 공을 이루지도 못한 채 일찍 죽고 그 아들 병주秉周가 선고先考의 뜻을 이어 일을 추진하여 오늘에 이르렀으나 물력物力이 부족하니, 공의公議가 일어나 드디어 강당을 중건하기에 이른 것이다.

무인년(1818) 봄에 선산의 나무를 베어 족인族人 한서韓瑞의 감독하에 2월 초에 기공, 3년 뒤인 경진년(1820) 3월에 준공하였다.

당은 무릇 십가十架로 좌우료左右寮가 마주하니 동쪽이 입나立懦요 서쪽이 구인求仁인데, 삼영三楹을 정당正堂으로 하고 당의 이름을 흥교興敎라 했다. 당과 실에 옛날의 편액扁額을 걸고, 또한 구당舊堂의 재목을 뜯어서 정당 남쪽에 새로 누각을 지어 읍청루揖淸樓라 하고, 누樓 옆으로 물을 끌어 연못을 만들어서 반무당半畝塘이라 했다. 이리하여 옛날에 협착했던 것이 지금은 훌륭한 새 모습으로 갖추어지니, 많은 선비들이 귀의해 오고 후학들이 공부하러 모여들게 되었다. 이 방에 들어오면 경재 선생의 청표淸標를 공경하고 허백虛伯의 절조節操를 연마하며 우암寓庵의 학문을 사표로 삼아야 할 것이다. 진퇴를 분명히 하여 자신이 알지 못하는 사이에 부드럽고 염치 있고 의지가 굳게 될 것이니, 이는 곧 사원을 세운 뜻이 풍교에 있는 것임을 알아야 할 것이다.

그러나 운수는 돌고 돌며 흥폐는 무상한 것이다. 오늘의 퇴락頹落을 사림과 자손들의 정성으로 불후의 업적을 이루어 놓았는데 길이 보전해 갈 능력이 있을는지? 원의 좌우에는 정자나 대臺를 지을 만한 기절처가 많이 있으나 힘이 미치지 못한다. 뒷사람이 그것을 이룬다면 참으로 다행한 일이겠으며 모두가 그렇게 되도록 힘을 써야 할 것이다. 이에 모든 사람들에게 당부하며 이 글을 쓴다.

경진년庚辰年(순조 20년, 1820) 3월 일
후손 통정대부 돈녕부도정 택하宅夏 삼가 씀

별묘 상량문[別廟上樑文]

屬晉運之將傾, 史獨書五柳淸節, 許賢祖之別祠, 禮式遵一畝明宮, 義在崇賢, 誠深追遠. 恭惟, 高麗人敬齋洪先生, 缶林華閥, 勝國孤忠, 七歲孝經, 已能器成坯璞, 一部家訓, 可見學貫天人, 有非著無非冥, 深得極翁旨訣, 壯而行, 幼而學, 矧尊庭裕, 謨資琢磨於羣賢, 契采重於鄭圃翁李牧隱, 折蓮桂於妙藏榜, 最多於成獨谷許敬菴齊聲廟廊人, 是一代國老晉登館閣位, 至中書舍人, 那意驥步方展之初, 遽有魚菜八夢之思, 忠孝一致允矣, 夙昔講磨, 舍藏隨時, 自是一生功用, 乾旋坤斡, 五龍方飛魚震霄, 海闊天晴, 冥鴻忽擧於雲水, 半千年宗社, 旣屋竹橋之時事, 可悲二十七歲, 光陰方舒, 王京之歸夢何促, 幾先明炳, 是所謂識微大人, 國亡身隱, 孰不曰殉社高節, 原禮貴反夫本也, 雲仍篤刲牲之誠固, 鄕社沒而祭於矜紳, 切慕羶之忱所以於缶溪桑梓之地, 闕有此陽山芬苾之祠, 後豆前觴, 其各勤於二百周甲, 春嘗秋禴, 庶無忝於三九元丁, 不意朝禁方嚴, 毁令彌天, 孔急亦粵, 士林有罪, 幽寃無地, 敢控食見羹坐見牆, 感懷之不以遠代, 而有間廟已毁, 主已窆俎豆之, 雖欲更擧而無由, 於焉博采門論,又以遠祗通禮, 玆就宗祊正廟之右, 別立永世不祧之祠, 其自今粗伸私情, 自考妣之定位無於古, 可以義起, 矧公士之通行, 山高水長, 吾道屬泰來之運, 辰良日吉, 名區呈賁飾之休, 槐角不華, 何煩小畜材而大畜力, 升斗從簡, 實賴同人助而家人謀, 玆豈爲從文華而資觀聽, 蓋亦出厚風俗而敦宗族, 初一人身也. 苟信睦之講修, 今百年漠然, 必精靈之慰悅, 用欽斂昪孫之誠意, 敢陳六偉郞之禱詞.

兒郞偉抛樑東, 海山朝旭上靑空.

扶持大義明千古, 夫子胸中一道紅.

兒郞偉抛樑西, 鵠嶺秀光天外齊.

終古榛苓餘恨在, 美人何處不歸兮.

兒郞偉抛樑南, 公山碧落與天參.

先生卓節爭高了, 始信人間不朽三.

兒郞偉抛樑北, 蒼厓萬丈臨無極.

努力躋拚自有觀, 吾人莫憚理筇屐.

兒郞偉抛樑上, 滿天星日精華盪.

若敎胸次如斯明, 贏得中間霽月郞.

兒郞偉抛樑下, 淸流一帶抱前野.

但願年年歲比登, 曾孫多稼頌周雅.

伏願上樑之後, 先烈彌光, 遺澤益遠, 百世報本, 足文獻之有徵, 千載垂休, 傳子孫而無替, 以妥以侑, 有始有終.

通訓大夫前行弘文館應敎知製敎 兼 經筵侍講官

春秋館編修官文臣 兼 宣傳官 韓山 李敦禹 撰

진晉나라의 운수가 기울어짐에 대해 사기史記에서는 오로지 도연명陶淵明의 청절淸節만을 기록했던 것처럼 훌륭한 조상을 모시기 위해 별사別祠를 지을 때의 예식은 작고 깨끗한 묘우를 마련했으니, 그 두 가지 뜻은 다 현인을 숭배하여 정성으로 모심에 있었다.

삼가 생각하건대, 고려 사인舍人 경재 홍선생은 부림缶林 화벌華閥 출신으로 고려의 충신이었다. 일곱 살에 효경을 읽어 이미 능히 큰 인물이 될 바탕을 갖추었으니, 그의 가훈시家訓詩를 보면 천리와 인사에 통했다는 것을 능히 알 수 있다. 유有가 드러남이 아니고 무無가 아득함이 아니라 한 것은 주염계周濂谿 학문의 요지를 깊이 터득함이었으며, 장성한 뒤에 실천함은 어릴 때 학습한 가정교육 덕분이었다. 여러 현인들로부터 배우고 익힘을 바탕으로 삼고 정포은, 이목은 등으로부터 중시됨을 계기로 하여 약관에 과거에 합격했다. 합격자 중 최우수자인 성독곡成獨谷, 허경암許敬菴과 명성을 함께함에 조정의 사람들은 일대의 명사들이 관각館閣에 진출하게 되었다고 했다.

직위가 중서사인中書舍人에까지 이르렀으니 어찌 한창 뜻을 펼치기 시작한 즈음에 갑자기 고향에 돌아가 태조를 꿈에 볼 수 있는 일을 짐작할 수 있었을까. 그것은 충忠과 효孝가 일치함에서 이루어짐이었으니, 밤낮으로 학습하여 버리고 간직함을 때에 맞게 하여 스스로 일생을 경영해 나갔기 때문이었다. 세상이 뒤바뀌어 오룡五龍이 바야흐로 진뢰震雷에서 날고 바다는 넓고 하늘은 맑아 홍곡鴻鵠이 갑자기 운수雲水에서 일어나니, 오백년 사직은 무너지고 슬픈 선죽교善竹橋의 사건이 일어났도다. 스물일곱 한창 나이, 바야흐로 뜻을 펴려고 할 즈음에 어찌 저세상으로 돌아갈 길을 재촉하였던고. 그것은 기미를 깨달음의 밝은 지혜, 이른바 미묘한 의리를 실천하는 대인이 나라가 망하자 절의를 지킴을 알려줌이니, 누군들 사직을 지키다가 순국한 분이라 말하지 않겠는가.

원래 예禮란 것은 추원보본追遠報本을 귀하게 여김이라, 자손들이 제사에 정성을 돈독히 해 왔으나 향사鄕社가 없어지자 개인 가정에서 제사를 지냄에 사당을 그리워하는 마음이 절실하였다. 그러므로 고향인 부계 지역에 이 양산서원을 건립하여 200년 동안 향사를 치니, 봄에는 3월, 가을에는 9월 제사를 게을리 하지 않았다. 그러나 뜻하지 않게 조정에서 서원철폐령이 내려 헐리게 되니 다급하기 이를 데 없으나, 사림의 죄이니 가슴속의 원통함을 하소연할 곳이 없었다. 밥을 먹을 때는 경재선생의 모습이 국에 나타나고 앉으면 벽에 모습이 나타나는 것 같음에 흠모함의 감회가 먼데 있음이 아니라 바로 눈앞에 있었다. 묘우가 훼철되고 신주조차 없어짐에 제사를 다시 지내려고 하나 지낼 곳이 없었다. 그래서 문중이 의논하고 또 널리 통례通禮를 상고하여 정묘正廟 오른쪽에 영세永世토록 조매祧埋하지 않는 사당을 별도로 세우니, 이로써 안타까운 마음이 조금은 풀리는 듯하다. 고비考妣를 함께 제사함은 옛날의 법에는 없으나 의義로 보아서는 옳은 일로 사림士林의 통례가 되고 있다.

산은 언제나 높고 물은 영원히 흐르는 법, 우리의 도道가 다시 흥성하는 운運을 맞아 양신길일良辰吉日을 택하여 명승지에 아름다운 사당을 짓게 되었으나 재목과 구조가 화려하지는 않다. 어찌 번거롭게 적게 쌓아 온 재목으로 큰 힘을 쌓아 온 것처럼 하랴. 한 되 한 말의 곡식을 모아 간략하게 시작했으니, 실로 뜻을 함께하는 사람의 도움과 집안사람들의 모책에 의뢰했을 뿐이로다. 이러니 어찌 화려하게 꾸며 보고들을 거리를 만듦에 목적이 있었겠는가. 대개 풍속을 순후하게 하고 종족을 화목하게 함은 처음 한 사람으로부터 나오는 것이다. 진실로 신의와 화목을 강론하고 수련함이 지금 백년이 지냈으니 반드시 정령께 위로와 기쁨이 되었을 터인즉, 조상을 흠모하는 여러 후손들의 성의에 의해 감히 상량문을 지어 보리라.

어영차 대들보를 동쪽으로 저어 보세,
해동 공산의 아침 해가 창공에 떠오르네.
대의를 부지하여 천고에 밝혔으니,
선생의 가슴속에 사문의 도 열렬하리.

어영차 대들보를 서쪽으로 저어 보세,
곡영의 수려한 빛이 하늘 밖에 펼쳐졌네.
지난 날 폐허에는 여한이 서렸는데,
선생은 어디 가고 돌아오지 아니하는가.

어영차 대들보를 남쪽으로 저어 보세,
공산은 우뚝하여 하늘 높이 솟았구나.
선생의 높은 절개 높음을 다투나니,
이제야 알겠도다, 인간의 삼불후를.

어영차 대들보를 북쪽으로 저어 보세,
푸른 절벽 만길인 양 그 높이 한량없네.
노력하여 올라보면 절로 볼 것 있을지니,
누구나 지팡이 짚신 준비 꺼리지 말라.

어영차 대들보를 위로 올려 보세,
하늘 가득 별과 태양 정치하고 화려하네.
만일 마음을 이와 같이 밝게 하면,
그 중간에 광풍제월을 얻고도 남으리라.

어영차 대들보를 밑으로 내려 보세,
맑은 물 한 줄기가 앞들을 둘렀구나.
다만 해마다 풍년 듦을 기원하노니,
자손들 많은 수확 태평가를 노래하리.

삼가 바라노니 상량을 마친 뒤에 선열先然은 더욱 빛나고 남기신
은택은 영원토록 전해지게 해 주소서. 대대로 제사하여 문헌에
기록이 남도록 하며, 천년토록 아름다움 남겨 자손에게 전해짐이

끊이지 않게 함으로써 평안히 제사하게 하고 시작과 끝이 있게
해 주소서.

통정대부 전 행홍문관응교지제교 겸 경연시강관
춘추관편수관문신 겸 선전관 한산 이돈우李敦禹 지음

별묘의 신주를 조매하지 않음을 고하는 글
[別廟不祧告由文]

恭惟, 先生挺于麗季, 良玉精金, 天資特異, 承聞詩禮, 蜚駴館閣,
貞彌介石, 操勵冰蘗, 維時吾道, 甫來于東, 誰其倡者, 曰維圃翁, 同
明繼照, 如鍾斯撞, 丕哉正學, 紹我箕邦, 宗國其亡, 密啓炳幾, 五柳
于門, 新綠正肥, 惟玆綱彝, 敬義眞訣, 同時文忠, 異代靖節, 百世聞
風, 孰不尊慕, 揭虔明禋, 其來有素, 近因邦制, 遂撤瞻依, 士林怒傷,
來雲悲欷, 今之栗里, 昔先生宅, 舊廬歸然, 過者所式, 先生不祀, 其
奚祀道, 祧墓縱久, 復主可攷, 於焉義起, 輿論一辭, 祠宇創別, 象設
如儀, 世祭伊始, 配位同妥, 諏吉齋士, 潔鱐腆果, 精爽如在, 陟降歆
齊, 子孫萬年, 輿之无替.

大匡輔國崇祿大夫原任議政府左議政
兼 領經筵三軍府事監春秋館事 豊山 柳厚祚 撰

선생은 고려 말에 태어나시어 양옥良玉과 정금精金처럼 타고난
자질이 특이하셨습니다. 시례詩禮를 학습하여 관각館閣에 뛰어나셨
으며, 정절은 개석과 같이 굳고 지조는 얼음과 같이 깨끗하셨나이다.

성리학이 우리나라에 들어온 이래 그것을 일으킨 사람은 포은 圃隱이었는데, 선생은 포은을 이어 더욱 밝게 빛내시어 이 나라의 정학正學으로 정립, 우리 예의의 나라를 도우셨으며 고려가 망할 것을 미리 아시고 문 앞에 오류五柳를 심어 그 싱싱한 신록新綠과 같은 정절을 지키셨으니, 이는 강상綱常을 세운 참다운 의義로서 존경받고 있나이다. 이것은 문文과 충忠을 겸한 것으로, 후대에 와서도 백세에 드날릴 그 정절을 그 누가 추모하지 않겠나이까. 제사를 정성스레 받들어 왔으나 나라의 법으로 인하여 드디어 사당을 철훼撤毁하니 사림士林이 마음아파하고 자손들은 슬픔에 잠겼나이다.

지금의 율리栗里는 선생의 고향으로 옛집이 우뚝하니, 지나가는 나그네도 예를 올리는데 선생의 제사를 받들어 지내지 않는다면 그 어찌 제사의 도道가 있다 하오리까. 선생의 신주神主를 조매한 지 비록 오래되었으나 다시 받드는 것이 옳다는 의義에 따른 공론이 한결같으니, 사당을 따로 지어 제상을 설치하고 선생의 배위配位도 함께 모셔야 할 것이옵니다. 이제 좋은 날을 가리어 여러 인사들이 모여서 깨끗한 제수로 제를 올리니, 정령은 강림하여 흠향하시고 모든 자손들은 다함께 영원히 받들어야 할 것입니다.

대광보국숭록대부 원임의정부좌의정 겸
연경연삼군부사관 춘추관사 풍산 류후조 지음

척서정 상량문[陟西亭上樑文]

感慨發於彛衷, 孰不聞靖節之風者, 興廢關於氣數, 幸復覩靈光
之巋然, 爰就芯芬舊墟, 乃闢突兀新構. 恭惟, 敬齋洪先生, 金精玉
潤, 檗若冰淸, 耽讀孝經, 書見七歲之坯樸, 詠歎太極旨, 㴑千古之
淵源, 道契則圃牧兩賢, 文望則洪武一榜, 方摛華於鳳藻, 蚤見幾於
鴻蘆, 五百年宗社遂墟, 顧一身之何惜, 二十七仙籌遽促, 寧九泉之
是安, 惟其志事之婉微, 是以名跡之沈晦, 幸賴皮殿中之信筆, 日星
昭臨, 亦粤蔡文肅之顯銘, 天壤不弊肆於陽山, 一局幷腏缶林三賢,
虛白老寓菴翁一體之精爽, 完在金烏山竹橋水千古之物色, 相連
不意邦制之極嚴, 奄見神栖之遂撤, 髣髴儀像與白雲而俱空, 幽鬱
興忱籲蒼天而無路, 玆因薖軸之所, 更謀琴書之傳, 材取樸斲之勤,
日叶經營之吉, 軒於凉室於燠, 悉遵吾黨之規模, 山益高, 水益深,
婉見昔日之光景, 瞻桑梓於大栗, 於乎不忘, 詠薇蕨於首陽, 抑有所
感, 豈徒遊息之是事, 庶幾瞻仰之無窮, 姑駐郢斤, 試聽巴唱.

(兒郎偉)抛梁東, 大海茫茫浴日紅.

試問何人題壁去, 當年心事不謀同.

(兒郞偉)抛梁西, 滿月臺空草樹萋.

夢裏龍顔今不復, 空留杜宇隔窓啼.

(兒郞偉)抛梁南, 公山秀色碧如藍.

千年舊物依然在, 鍾得人間幾箇男.

(兒郞偉)抛梁北, 巖巖石立撑宸極.

丈夫志節欲如斯, 驟兩顚風撓不得.

(兒郞偉)抛梁上, 天體洞然羅萬象.

大抵人心元一般, 莫敎些子爲之障.

(兒郞偉)抛梁下, 花樹春風籠大野.

也識先生貽厥謨, 諸君何莫養梧櫃.

伏願, 上梁之後, 地靈眷隲, 家敎彬興, 講明鹿洞之規, 于有光於前烈, 修擧藍田之約, 亦足徵於後承, 藏焉修焉以嗣以續.

通仕郞前行義禁府都事 後學 聞韶 金道和 謹撰

감동적인 개탄은 진정한 충심衷心에서 우러나는 법이니, 그 누가 경재 선생이 남기신 정절靖節의 기풍을 듣지 못했다 할 것인가. 흥하고 쇠함은 기수氣數에 달렸음에, 정령精靈의 광채 우뚝하여 향기로운 옛터에 덩그런 새 정자를 짓게 되었도다. 생각하건대 경재敬齋 홍선생은 훌륭한 정신과 깨끗한 지조를 지녀, 7세의 어린 나이에 효경孝經을 탐독하였으니 그 총명함을 알 수 있고, 태극太極의 뜻 깊은 시를 읊었으니 그 천년 연원을 알 수 있도다. 도道로써 포은圃隱, 목은牧隱의 양현兩賢과 사귀었고, 문장文章은 홍무洪武 연간의 과거에 급제, 막 문단에 그 화려함을 펼치려는 순간 고려의 국운이 다함을 깨닫게 되었다. 500년 종사宗社가 망하여 폐허가 됨에 일신이 어찌 아까웠겠는가. 27세에 순국을 결심하시니 차라리 죽음이 평안한 것이었도다. 오로지 선생의 뜻하신 일이 매우 완곡미묘婉曲微妙하여 명성과 흔적이 널리 알려지지 않았으나, 다행히 전중殿中 피자휴皮子休의 기록에 의해 명확히 밝혀졌으며 채제공蔡濟恭의 묘갈명墓碣銘에 의해 세상에 알려지게 되었다.

드디어 양산 한 곳에 묘우를 지어 부림삼현缶林三賢을 나란히 배향하게 되었으니, 경재敬齋·허백虛白·우암寓菴 3선생의 정신이 완연히 금오산 길야은과 선죽교 정포은의 충절과 서로 통하였었다. 그러나 뜻밖에도 서원철폐령이 지엄하여 사원祠院이 훼철되기에 이르니, 흡사 정령精靈이 백운과 더불어 공중에 떠도는 듯, 억울하고 침통한 마음 하소연할 길이 없었다. 이에 정령께서 안주하실 곳을 마련하고 다시 학문을 전수할 대책을 세워서 재목을 다듬고 협력하여 공사를 진행하니, 따뜻한 터에 밝은 집 지음에 모두가 유가의 격식을 갖추었다. 산은 더욱 높고 물은 더욱 깊어 완연히 옛날의 광경을 보는 듯하며, 대율의 상재桑梓를 바라볼 수 있도다. 오호라! 수양산에서 백이가 고사리 캐 먹던 일 잊지 않는다면 어찌 이곳을 놀며 쉬는 정자로만 생각하리요. 선생의 충절을 무궁히 추모하기 바라며, 진실로 걸음 멈추고 상량 노래 들어 보리라.

어영차 대들보를 동쪽으로 저어 보세,
큰 바다 드넓은데 붉은 태양 떠오르네.
아! 그 누가 암벽에 양산陽山이라 써 두었는가.
그때의 마음과 일 말 안 해도 같았으리.

어영차 대들보를 서쪽으로 저어 보세,
만월대는 비었는데 초목만 우거졌네.
꿈속의 태조 얼굴 이제 다시 못 뵈는데,
공연히 두견새만 창밖에서 울부짖네.

어영차 대들보를 남쪽으로 저어 보세,
팔공산 수려한 빛 푸르기 쪽과 같네.
천년된 물색은 옛 모습 그대로인데,
인간세상 호걸남아 몇 명이나 남았는고.

어영차 대들보를 북쪽으로 저어 보세.
우뚝한 암석이 하늘 괴고 서 있구나.
대장부 뜻과 절개 이와 같아야 하리니,
소낙비 회오리바람에도 휘둘리지 않네.

어영차 대들보를 위로 올려 보세.
하늘 가득 삼라만상 펼쳐져 있네.

대체로 사람 마음은 원래부터 한가지니,
자식들로 하여금 무식하게 만들지 말라.

어영차 대들보를 밑으로 내려 보세,
꽃 핀 숲 봄바람이 큰 들에 가득하네.
선생의 가르침을 이제야 알겠나니,
그대들은 어찌하여 높은 인격 쌓지 않나.

　삼가 바라옵건대, 이 집을 지은 후에 지신地神의 돌봐 주심으로 가문의 교육이 흥성하게 하고 백록서원의 원규를 강론하여 선열先烈을 빛나게 하며 남전규약藍田規約을 실천하여 후세들이 본받고 이어나갈 수 있게 해 주소서.

　　통사랑 전 행의금부도사 후학 문소 김도화 삼가 씀

척서정기[陟西亭記]

君子所守者義也. 義有不可則死, 以之而立人極, 扶世道. 若伯夷之死首陽是也, 伯夷之後, 更無伯夷, 而以余觀之, 高麗門下舍人敬齋洪先生殆庶幾乎. 先生不幸, 生於亂世, 不得展其才而早卒, 人以是悲之, 然其進也正, 其退也正, 其病也正, 其死也正, 始終不失其正, 非君子能如是乎. 蓋先生, 稟山河之正氣, 得洛閩之正學, 闇然自修, 不苟合于世, 爲圃隱先生所薦, 始立于朝, 是進之以正也. 旣而時事日非, 無如之何, 而社稷之責圃隱翁在焉, 則遂移疾, 不竢報而行, 是退之以正也. 聞圃翁之死, 慟邦國之殄瘁, 自是日因臥于床, 是病之以正也. 壬申七月旣望夜, 夢麗太祖, 厥明夙興, 沐浴更衣, 見于廟, 訣于親, 北向席地而拜曰, 臣與國偕亡, 遂正枕, 迺然而逝, 是日卽麗亡之翼日也. 國亡身亦亡, 是死之以正也. 傳曰, 慷慨殺身易, 從容就義難, 若先生可謂從容就義者也. 圃翁死於竹橋之下, 先生死於栗里之中, 死雖不同, 義則同也. 尤可異者, 栗里之於松京八百餘里也. 邸報不來, 何以知國已亡於前日乎. 且先生病雖篤矣, 起

居如常, 亦何以知身必死於今日乎. 至誠有前知之道, 先生之所以
前知者, 出於至誠也. 七月旣望以後, 天命有所歸矣. 若使先生少須
臾不死, 則所居土, 非王氏之土也. 所食之粟, 非王氏之粟也. 雖一
日非其土而居之, 非其粟而食之, 非先生之志也. 則安得不早從圃
翁遊於地下乎. 夫明哲保身, 君子事也. 危難殉國, 臣子職也. 然志
在保身, 則難以殉國, 誠切殉國, 則難以保身, 勢不得以兩全也. 惟
先生則不然, 以明哲保身之智, 兼危難殉國之忠, 身不毀傷, 與國偕
亡, 其心烈, 其節奇, 雖謂之與日月爭光可也. 昔先生之南歸也, 圃
翁歎曰, 得之得之, 若使圃翁在於世, 見先生之死焉, 則又豈不曰,
得之得之也歟. 首陽二山之間, 舊有遺祠, 後人慕其義, 亭於其墟而
號曰陟西, 蓋西山採薇之義也. 余嘗陟其亭, 低回不能去, 遂記其平
昔所感於心者, 以揭于壁. 噫, 此可與知者道, 不可與不知者道也.

後學 趙秉瑜 謹記

　　군자君子가 지켜야 할 바는 의리義이다. 의리상 옳지 못함이 있으면
죽음으로써 인륜을 확립하고 세상의 도리를 유지시켜야 하나니,
수양산首陽山에서 굶어죽은 백이伯夷와 같은 사람이 그러했다.
백이가 죽은 후에는 다시 백이와 같은 사람이 없더니, 내가 보건대
고려 문하사인門下舍人 경재敬齋 홍선생이 거의 그러한 사람임을
알 수 있겠다.

　　선생은 불행히도 난세亂世에 태어나 그의 재질을 펴지 못하고
일찍 죽으니 사람들이 모두 슬퍼했다. 그러나 그는 나아감이

발랐고 물러남이 발랐으며 병듦이 발랐고 또한 그의 죽음이 발랐는지라, 처음부터 끝까지 그 바름을 잃지 않았으니 능히 군자라 할 수 있겠다. 선생은 산하山河의 바른 기운을 타고나셨고 낙민洛閩의 바른 학문을 얻었으며, 조용히 스스로 수양하며 구차스레 세상과 영합하지 않았다. 포은圃隱 선생이 추천하여 처음으로 조정에 서니 그 나아감의 바름이요, 이어 국사國事가 날로 그릇되어 어찌할 수 없음을 알고 고려 사직의 책임을 포은에게 맡기고 병이 나 저보邸報도 기다리지 않고 돌아오니 그 물러남의 바름이요, 포은이 죽었다는 소식을 듣고는 나라가 망한 것을 통곡하며 이어 자리에 누우니 그 병듦의 바름이요, 임신년(1392) 7월 16일 밤에 고려 태조를 꿈에 뵙고 그날 아침 일찍 일어나 목욕하고 옷을 갈아입고 가묘에 배알하고 어버이에게 이별을 고한 뒤 북쪽을 향해 자리 깔고 절하며 "신은 나라와 함께 죽나이다" 하고는 드디어 자리에 들어 조용히 죽으니 이날이 바로 고려가 망한 다음날로서 나라와 몸이 함께 망했으니 이것이 그 죽음의 바름이라 하겠다.

전傳에 이르기를 비분강개해서 자결함은 쉬우나 태연자약하게 의義에 나아가기는 어렵다고 했는바, 선생은 조용히 의義에 나아간 것이라 하겠다. 포은은 선죽교에서 죽고 선생은 율리栗里에서 죽으니 비록 그 죽은 곳은 같지 않으나 의義는 곧 같은 것이다. 더욱 이상한 것은 율리栗里는 송경松京(開城)에서 800여 리나 떨어져 있어 저보邸報도 오지 않는 벽지인데 어떻게 나라가 이미 망했음을 알았으며, 또한 선생의 병이 비록 위중했으나 평상시와 같이 기거했으며, 그날 죽는다는 것을 어찌 먼저 알 수 있었는지, 정성이 지극하면 앞일을 안다더니 선생이 앞일을 안 것도 지성에서 나온 것이리라.

7월16일 이후 천명은 이조李朝로 돌아갔다. 만약 선생이 잠시라도 더 오래 살았으면 그 땅은 이미 고려의 땅이 아니며, 그 곡식은 이미 고려의 곡식이 아니었다. 비록 단 하루일지라도 고려의 땅이 아니면 살지 않고 고려의 곡식이 아니면 먹지 않는 것이 선생의 뜻이니 어찌 포은을 따라 일찍 죽지 않을 수 있었으리요. 대저 명철하게 보신保身하는 것이 군자의 할 일이요, 위난을 당해 순국殉國하는 것이 신하의 직분이다. 그러나 뜻이 보신에 있으면 순국하기 어렵고, 충성만으로 순국殉國하자면 보신하기가 어려우니 양자를 겸전兼全하기는 더욱 어려운데 선생은 명철보신明哲保身하는 지혜와 위난순국危難殉國하는 충성을 겸하여 몸을 훼상毁傷함이 없이 나라와 함께 죽으니 그 충성과 절의節義가 일월日月과 같이 빛났다고 하겠다. 옛날 선생이 고향으로 돌아올 때 포은圃隱이 탄식하며 말하기를 득지득지得之得之라고 했는데, 만약 포은이 다시 살아나 선생의 죽음을 보았다면 또 한 번 득지득지라고 하지 않았을까.

수산首山과 양산陽山 두 산 사이에 유사遺祠가 있는데, 후인들이 그 충의忠義를 흠모하여 그 터에 정자를 세우고 척서정陟西亭이라 이름하였다. 이는 백이伯夷가 서산西山(首陽山)에서 고사리를 캐

먹은 충의忠義의 고사故事에서 유래한 이름이다. 내 일찍이 그 정자에 올라 오래 배회하며 차마 떠나지 못하다가 평소 마음에 느낀 바를 적어 벽에 걸어 두니, 아! 이는 아는 자와는 더불어 말할 수 있을 것이로되 모르는 자와는 더불어 말할 수 없을 것이다.

후학 조병유 삼가 씀

양산 유허정 창건일기 서[陽山遺墟亭創建日記序]

陽山卽我先祖敬齋先生畏疊之地也. 以其爲陽山者, 先生以圃翁
之高足, 見麗運將訖, 顧位在門下舍人, 而與宰相其分有殊. 故壬申
二月日, 色擧歸隱於茲山之中, 咬根爲命厪六更朓朒矣. 七月十六
夜夢麗太祖, 晨起著朝服, 北向四拜, 而定席就逝, 乃麗亡之翼日也.
盖其義, 與墨胎氏二子之登首陽山採薇餓死, 無毫髮之異故云耳.
俎豆之日, 又以傍先虛白寓庵兩先生竝享焉, 令甲之後, 廟貌邃墟
一區, 雲林葵麥增新, 此正吾黨後生之所共惕然而懼愾然而傷者
也. 噫, 事之成否雖在於天, 而其所以成之之謀則實在於人, 豈非今
日爲子性之責重者乎. 麟佑於十三年前, 與族兄彬奎氏, 族祖祺夏
氏, 族叔萬修氏, 勘枝洞先齋一年之簿收, 其贏餘之未萬六十緡金,
合契滋殖爲院墟建屋之計, 而名之曰營建所也. 人事推遷, 彬奎祺
夏兩氏庵已作古人矣, 余與萬修氏亦老而衰矣, 而物又已數千金
之過矣. 若失今不經始, 則光陰水逝又未知人事之將何如也. 玆於
去年春, 刻於溪山麗石之面, 而以表其地洞門, 刻陽山洞門四字, 溯

溪而至院前上流巖環成湫之中東壁瀑布, 處刻瀑布二字, 西壁削
立處, 刻高麗門下舍人敬齋洪先生諱魯遺躅十五字, 而麟佑紀其
事. 今年丁酉春, 又拓舊址而用舊礎建新屋, 其瓦材則先生之後孫
大谷派文谷公先代與子三世諸位, 墓齋之在村前山下梅香谷者也.
後孫秉奎氏, 嘗患齋至顚覆而無重葺之策也, 至是我伯兄以爲, 爲
先之義不以遠近衆獨, 而有間於其間言于秉奎氏而勤之曰, 可因
此而得略于物收其廊廚頹材而重建之, 則此與賣他絶異且有兩存
之義存焉, 秉奎氏然之而遂許者也. 麟佑又尸其事, 自始役日粧一
小冊子, 首書門員爬錄, 且題其卷曰陽山遺墟亭創建日記, 將逐日
錄其實以叙顚委云.

撤院後二十九年丁酉春 建亭開役日 後孫 麟佑 謹叙

양산은 곧 선조 경재敬齋 선생께서 은거하시던 곳이다. 양산이
라 칭함은 왜인가? 선생이 포은圃隱 선생의 빼어난 제자로서
고려의 운수가 다함을 보시고 선생의 벼슬 문하사인門下舍人이
재상과 다름을 깨친지라, 임신 1392년 2월 어느 날에 떠나 이
산중에 귀은歸隱해서 풀뿌리 나무뿌리로 연명하셨다. 여섯 달이
지나 7월 16일 밤에 고려 태조를 꿈에서 뵌 후 새벽에 일어나
조복으로 북향사배하고 그 자리에서 서거하시니, 곧 고려가 멸망
한 다음날이다. 대개 그 의義가 묵태씨墨台氏의 두 아들 즉 백이숙제
가 수양산에 올라서 채미아사採薇餓死한 것과 조금도 다를 바
없었기 때문이다.

제사 올리던 날에 또 방선조 허백盧伯·우암寓庵 두 선생과 병향하였는데, 철폐령이 내린 뒤 사당은 빈터가 되어 초목이 새로이 우거지고 말았으니, 이는 우리 유림의 후생들 모두가 슬프고 두려워하며 또 상심하는 바가 되었도다. 슬프도다. 일의 성패는 비록 하늘에 달려 있다 하나 그를 이루게 하는 모책은 실로 사람에게 있는지라, 이 어찌 오늘날 우리 자손들의 중책이 아니겠는가.

인우麟佑는 13년 전에 족형 빈규彬奎 씨와 족조 기하祺夏 씨와 족숙 만수萬修 씨와 더불어 지동 선재先齋의 1년 수입부책을 간여한바, 여분의 60량 미만금을 계에 맡겨 증식시켜서 서원 유허에 건옥建屋할 계획을 세우고 그 이름을 영건소營建所라 하였다. 인사가 변천하여 빈규 씨, 기하 씨 두 분은 이미 고인이 되고 나와 만수 씨 또한 노쇠해졌는데, 물력은 수천 금이 되었다. 만약 이 기회에 경영하지 못하면 세월은 유수와 같고 또 알지 못함은 인사의 변동이라, 이에 거년 봄에 먼저 계산 암석에 동문 표시로 '陽山洞門' 넉 자를 새기고, 개울을 거슬러 서원 앞 상류 바위 소를 이룬 곳의 동쪽 벽 폭포 쏟아지는 곳에 '瀑布' 두 자를 새기고, 서쪽 벽 깎아진 곳에는 '高麗門下舍人敬齋洪先生諱魯遺躅'(고려문하 사인 경재 홍선생 휘 로의 유촉) 15자를 새겼다. 그리고 인우麟佑가 그 사실을 기록하였다.

금년 정유년 봄에 다시 구지舊址를 개척하여 구초舊礎 위에 새 집을 건립하니, 그 기와의 재목은 선생의 후손 대곡파大谷派

문곡공文谷公의 선대와 아들 등 3세世 제위가 공급한 바이니, 묘재가 있는 마을 앞산 아래 매사곡梅査谷 분들이다.

후손 병규秉奎 씨가 일찍이 제사가 전복하였으나 중수 계책이 없음을 걱정하니 이에 나의 백형이 "위선하는 정성은 원근과 다과로 분별치 않는 것"이라 병규 씨에게 말씀드리고 전하기를 "이 기회를 인하여 약간의 물력을 얻고 또 낭주廊廚의 헌 재목을 보태어 중건하면 이는 사는 것과 함께 양촌의 덕이 있으리라" 하니 병규 씨가 그렇게 알고 드디어 허락한 것이다. 인우가 다시 그 일을 맡아서 처음 시역始役하던 날부터 소책자를 준비하여 먼저 문중 제위 파록을 적고 그 제목을 '양산 유허정 창건 일기'라 하여 나날이 사실을 적고 전말을 자세히 하였다.

철원撤院 후 29년째인 1897년 정유 봄,
정자의 건립을 시작하는 날에
후손 인우麟佑 삼가 적음

정호론[亭號論]

亭旣建於陽山書院遺墟, 則初議以陽山爲額矣. 論者有曰, 亭在陽山之中, 陽山雖不揭而自在矣. 何不取隱於陽山歌採薇登西山之意, 而揭西山也. 是說然則然矣, 而衆論不一, 故馳書于龜村金都事丈, 則初云, 西山爲可矣, 後又云, 登西最好, 而登字音響低萎, 改其響高義同之陟字, 爲陟西亭可乎. 故以是求大字於李承旨晩壽氏, 而乃並與其都事丈之所撰樑頌及記揭之楣間. 丁酉九月十二日, 以其時俗所謂白戰之遊作一場勝會于亭上, 請本倅申泰哲爲考試官, 以仁同南山張來遠善山槐谷朴世鳴爲參副試, 而省內會者合老少多至八九千名矣, 以是爲陟西亭落成宴. 余旣訖亭役矣, 歸臥窮茅, 一繙是錄逐日, 事煩之中所錄胡亂不能詳悉矣, 然顧吾門十數年苦心之効大槩載焉. 後來繼述者, 以今日之心爲心, 則東西兩齋從可就矣, 祠宇之建又將有陽雷來復之日矣. 願又以先生之先師圃隱先生並享一廟, 以承當日辟耳之義而復俎豆揖讓之所, 則此不惟吾門之勝事, 亦豈非爲斯文之幸矣, 而多士之解鬱者耶.

於乎, 爲吾敬齋先生之子姓者也, 吾將以是有待于后.

紀事人 麟佑 又識

　　정사를 이미 양산서원 유허에 세웠음에, 처음에는 양산이라 편액하였다. 그런데 논자論者가 말하기를 "정자가 양산에 있으니 양산이라 하지 않아도 스스로 그 가운데 있거늘, 어찌 양산에 숨어서 채미가採薇歌를 부르며 서산西山에 오른 뜻을 취하여 서산으로 하지 않았는고" 하니, 이 말도 그럴듯하였으나 중론이 통일되지 않았다. 그래서 서신을 귀촌龜村 김도사金都司 어른께 보낸즉, 처음엔 "서산西山이 가하다" 했다가 뒤에 다시 이르기를 "등서登西가 가장 좋으나 등登자는 음이 낮으므로 그 음이 높고 의義가 같은 척陟자를 써서 척서陟西로 하는 것이 좋겠다" 하였다. 이에 이승지李承旨 만도晩燾 씨께 대자大字를 부탁하고, 아울러 도사都司 어른이 찬한 상량문과 기문을 미간楣間에 게시하였다. 그리고 정유년(1897) 9월 12일에 백일장을 정자에서 개최하였는데, 본향 군수 신태철申泰哲을 고시관으로 모시고 인동仁同 남산南山의 장내원張來遠과 선산善山 괴곡槐谷의 박세명을 부시관으로 하니 향내 참석자가 노소 모두 합하여 8~9천 명이나 되었다. 이로써 척서정 낙성 연회라 칭하였다.

　　내 이미 정역亭役을 마치고 집에 돌아와서 기록을 한번 살펴보니, 번잡한 가운데 기록이 난잡하여 상세치 못하였으나 우리 문중 수십 년 고심의 자취가 거의 실려 있었다. 뒤에 이런 일을 계승할 사람이 오늘의 이 마음을 잘 새겨 노력하면 동서 양재兩齋도 곧 이룩될 것이며 사우祠宇 또한 장차 새로 복원될 날이 올것이다. 원하옵건대 또 선생의 선사 포은 선생과 한 묘우에 병향竝享하여 그 옛날 사제의 의義를 잇고 조두俎豆 읍양하는 곳을 회복하고자 하니, 이는 어찌 오문吾門의 승사요 사문斯文의 다행이며다사多士의 걱정을 푸는 것이 아니겠는가. 아아! 우리 경재 선생의후손들이여. 내 이런 뜻으로 후인에 기대하노라.

기사紀事한 사람 인우麟佑가 다시 적음

양산서당 중건기[陽山書堂重建記]

八公山之北, 岳溪上有洞曰大栗里, 卽我岳林氏之世庄也. 南有
午峰而峼嶢, 坎之方, 屹然聳出者曰鷹峰, 而下有大川名曰南川, 而
淸流不息, 川上有廣野, 而名曰成忠, 鳴呼偉哉, 惟我敬齋先生殉義
之地, 而以明其實也歟. 洞之西南上有首山而秀麗, 下有陽山而深
邃開局者, 卽先生藏修之所也. 正祖丙午, 以儒論建院于楣曰陽山
書院, 而妥奉敬齋虛白亭寓庵三先生, 薦以俎豆于八十六年矣. 高
宗戊辰, 不幸毁撤者, 以其邦禁之大同也. 然是豈非吾黨後生之所
共愓然愾然, 而悲傷者也耶. 鳴呼! 先生之貞忠苦節, 炳如日星, 而
院爲墟, 而草已沒, 至於行路人, 指點嗟嘆者久矣. 建陽丁酉, 創建
一屋子, 揭其扁曰, 陟西亭, 而爲先生寓慕之所也. 光復後戊子, 重
創斯亭于瀑布之傍, 本堂揭楣陽山書堂, 而將爲先生妥靈之所也.
未果而歷歲已久, 上雨傍風瓦解棟朽, 將有傾頹之慮矣. 爲後孫者,
豈可無慷慨悽愴之心也. 逎於丁卯秋, 一門僉宗, 合意經紀, 基以舊
址, 材以新之, 制以廣之, 閱歲告竣, 重橡複架, 殆渠渠廈屋, 奐然一

新, 然此爲在外之影象矣. 惟溯而求之先生, 所講之學, 所行之實, 照燿人耳. 日苟能於斯, 而益紹述恢張之, 則是爲尊衛之道, 而先生當日遺風餘韻, 永不墜於來世矣, 不然數間堂之歸然, 豈可以爲先生崇報之道也. 惟願僉宗, 勿替先生之遺緒, 益加勉勵, 歌咏於斯, 絃頌於斯, 造詣得正, 踐履得中, 而如玉琢磨, 如川不息, 則實爲吾門之鴻休也. 斯門之大幸也. 豈可不深思, 而胥勗也哉. 落成之日, 因所感而略述如右爲重建記.

己巳至月下澣 後孫 日根 謹記

팔공산 북쪽 부계 위에 하나의 동네가 있어 이름을 대율이라 하는데 우리 부림홍씨의 세거지이다. 남쪽에는 오봉이 높이 솟고, 간방에 우뚝 솟은 것은 매봉이다. 그 밑에 흐르는 큰 내를 남천이라 하는데 맑은 물이 쉬지 않고 흐르며, 그 내 위에 있는 넓은 들판을 성충成忠이라 부르나니, 아! 위대하도다, 이곳은 우리 경재 선생이 순절하신 곳이므로 그 실상을 밝힌 이름인가. 고을 서남쪽에는 수산이 있어 수려하고, 밑에는 양산이 있어 깊은 형국을 이루고 있으니, 바로 선생이 기거하시던 곳이다.

정조 병오년(1786)에 유림의 논의에 의해 서원을 세우고 그 이름을 양산서원이라 하였다. 경재·허백·우암 세 선생을 모시고 향사를 올린 지 86년이 지났다. 그러나 고종 무진년(1868)에 불행하게도 훼철되었으니 온 나라의 서원이 함께 입은 재앙이었다. 그러나 그 어찌 우리 후생들이 함께 슬퍼하고 마음 아파할 일이 아니겠는가. 오호라, 선생의 곧은 충성과 굳은 절개는 저 하늘의 일월과 같았다. 그러나 서원이 허물어져 잡초가 우거짐에 지나는 사람들마저 모두 안타까워함이 오래되었다. 건양 정유년 (1897)에 한 채의 집을 지어 그 현판에 척서정이라 썼으니 선생을 기념하기 위한 건물이었다. 광복 뒤 무자년(1948)에 다시 이 정자를 폭포 가에 옮겨 지은바, 원 자리의 본당은 양산서당이란 현판을 걸었으니 장차 선생의 영위를 모시기 위함이었다. 그러나 영위를 모시지 못하고 지나온 지 오래되자 풍우로 인해 기와가 깨어지고 기둥이 썩어 장차 무너질 우려가 있었다. 후손 된 자 어찌 강개처창한 심정이 없겠는가. 이에 정묘년(1987) 가을 문중의 합의를 거쳐 터는 옛터, 재목은 새로운 나무로, 규모는 더 넓게 잡아 한 해만에 준공함에 중후한 재목으로 지어 자못 큰 건물이라 환연 일신한 형상이었다.

그러나 이것은 겉모양일 뿐이다. 선생께서 강론하시던 학문과 실천하신 내용을 회고하면 사람의 눈을 휘황하게 한다. 진실로 능히 날마다 여기에서 더욱 배우고 익히며 넓혀나간다면 이것은 선생을 존경함의 도리일 것이며, 당시 선생의 유풍여운이 영원히 없어지지 아니할 것이다. 그렇게 하지 않는다면 몇 칸 서당이 우뚝하나 어찌 선생을 숭모하고 보답하는 일이 될 수 있겠는가. 오로지 우리 문중 사람들은 선생의 유지를 잊지 말고 더욱 힘써 여기서 노래하고 여기서 글 읽으며 조예를 바르게 하고 올바르게 실천하기를 옥을 가는 것 같이 하고 물이 그치지 않는 것처럼

하면 실로 우리문중의 큰 아름다움이 될 것이며 유림의 큰 행운이
될 것이다. 어찌 깊이 생각하여 서로 힘쓰지 않겠는가. 낙성하던
날 느낀 바가 있어 위와 같이 약술하여 중건기로 삼는다.

기사년(1989) 11월 하순, 후손 일근 삼가 씀

양산서당 중창기[陽山書堂重創記]

　팔공산 북쪽 기슭 양산陽山과 수산首山 사이 서좌지원西坐之原에 자리 잡은 양산서당陽山書堂은 고려 말의 충신 경재敬齋 홍로洪魯 선생의 유적지이다. 북쪽 바로 아래로는 신라 때의 삼존석굴암三尊石窟庵이 지호지간指呼之間에 있고, 남쪽에는 양산폭포의 옥수玉水가 쏟아져 내리고 있다. 서원 앞으로는 위천渭川의 상류가 흘러 군위 땅을 감돌아서 멀리 낙동강으로 유입된다. 동북쪽으로 내려다보이는 율리栗里는 고려 초기에 재상을 지낸 시조 홍란洪鸞공이 입향入鄕한 이래 부림홍씨缶林洪氏의 관향지貫鄕地가 되었다. 사방으로 팔공산의 지맥支脈이 병풍처럼 둘러싸인 분지는 문자 그대로 산자수명山紫水明한데, 수십 대를 세거世居해 온 홍문洪門의 고토故土이다.

　여기 양산과 수산은 경재 선생의 행적이 새겨진 역사의 장이고, 더욱이 양산서당은 후인들의 경모지소敬慕之所로서 추앙되어 오고 있다. 서당의 내력을 약기略記해 본다.

경재 선생의 고절孤節을 기리는 사당이 처음에는 용재산湧才山
기슭에 있었는데 기축년己丑年에 세워졌으며, 신묘년辛卯年 가을
에 율리栗里 마을 가운데로 이건하였다고 한다.

숙종 36년 경인庚寅(1710)에 사당 재건에 대한 향의鄕議가 일어나
서 이듬해 신묘년辛卯年에 묘우廟宇와 강당講堂을 짓고 사호祠號를
율리사栗里祠로, 당호堂號를 낙육재樂育齋로 하였는데, 영조 18년
임술壬戌(1742)에 훼철되었다.

그 후 사우祠宇 복설復設에 대한 향의가 계속 이어져 오다가,
정조 5년 신축辛丑(1781)에 양산 아래 현재의 위치로 이건하여
경재 선생을 배향하고 아울러 허백虛白, 우암寓庵 양선생을 종향從
享하기로 결의하였다. 정조 7년 계묘(1783) 5월에 묘우와 강당을
준공하고, 동년 10월에 고사庫舍와 행랑行廊까지 갖추어 세덕사世
德祠라 하였다.

정조 10년 병오丙午(1786) 7월에 사祠를 원院으로 높여야 한다는
승호론陞號論이 일어나 동년 12월에 양산서원으로 승호되었다.
그러나 순조 7년 정묘丁卯(1807)에 화재가 일어나 애석하게도 일부
가 소실되었는데, 곧 포사庖舍 8칸을 중건하였다.

고종 5년 무진戊辰(1868)에 조정에서 서원철폐령이 내려와 10월
에 묘우를 훼철하였고, 동년 11월에 사림이 모여 통곡하며 뒷산
기슭에 위패位牌를 매판埋版함을 고유告由하고 동서재 및 강당을
철거하였다.

광무 원년 정유丁酉(1897) 6월에 양산서원 유허에 척서정陟西亭을

창건하고 묘우를 다시 세웠다. 무자년戊子年(1948)에 척서정을 양산폭포 아래로 이건하고 옛 척서정은 양산서당陽山書堂이라 개판하였다.

서당을 건립한 지 1세기가 흐르는 동안 누차의 보수를 해왔으나 퇴락이 더욱 심해져, 1987년 8월에 문의門議가 일어나 보수하기로 결의하였다. 문중의 재력이 부족하여 후손 각자의 성의에 따라 기금을 갹출키로 합의하고 예산을 세워 공사를 추진하였다. 1988년 8월에 공사가 시작되어, 1년여의 공사 끝에 1990년 5월에 먼저 강당만을 중창重創하게 되었다. 동서재는 이후 다시 예산이 세워지는 대로 그 시기를 기다려 중건할 계획이다.

당초에는 강당을 보수할 계획이었으나 건물의 유지상태가 불량하여 원형대로의 보수가 불가능할 것이라는 판단에 따라 중창하기로 계획을 변경하였다. 가능한 한 옛 건물을 원형의 훼손 없이 보수유지함이 천만 번 타당한 일이며, 그것이 자손된 자의 도리이고 책무임은 두말할 필요가 없다. 선인들이 물려준 귀중한 유적을 그동안 온전히 보존하지 못한 죄책罪責은 면할 길이 없으나, 이번 새로이 중창한 양산서당은 홍문洪門과 더불어 자자손손 연면連綿히 이어가야 할 것이다. 이에 서당 중창에 대한 사적事蹟을 대강 적어 후인들의 성람省覽에 제공하고자 한다.

1990년 경오庚午 5월 일

척서정 보수기[陟西亭補修記]

척서정陟西亭은 경재敬齋 선생 휘 로魯의 정충貞忠을 기리는 추모
지소追慕之所이다. 척서陟西라는 정호亭號는 중국 은殷나라의 백이
숙제伯夷叔齊의 충의忠義와 그 행적에서 연유한 것이다. 백이伯夷와
숙제叔齊는 기원전 13세기경 은나라 고죽군孤竹君의 아들로 태어
났는데, 주周나라의 무왕武王이 은의 주왕紂王을 치려 할 때 무왕을
찾아가 도리에 어긋나는 일이라 간하며 지성至誠으로 말렸다.
그러나 무왕이 끝내 듣지 않고 은을 정벌하고 주나라를 세우자,
백이와 숙제는 은이 아닌 주나라에서는 살 수 없다 하여 수양산首
陽山에 들어가 고사리를 캐먹으며 연명하다가 고사리마저 주나라
의 것이라 하여 먹지 않고 굶어죽었다고 한다. 수양산의 별칭이
서산西山이니, 척서陟西라 함은 곧 서산에 올라 숨었다는 고사에서
연유한 것이다.

경재 선생도 고려의 국운이 다한 것을 미리 알고 망국亡國의
한을 품은 채 고향인 율리栗里로 내려와서 당호堂號를 경재敬齋라

하고 어버이를 봉양하며 양산陽山과 수산首山을 소요하였다. 임신년壬申年(1392) 7월 17일 고려가 망하고 이씨의 천하가 되자 경재 선생은 의관을 정제한 후 가묘家廟에 배알하고 어버이에 하직을 고한 뒤 자리에 들어 조용히 운명하니, 이때 선생의 나이 27세였다. 가슴속에 품은 깊은 경륜을 펴보지도 못했으니 후손된 자 애통함을 어찌 금할 수 있으랴.

충의忠義와 보신保身을 함께 하기는 어렵다고 하였다. 충의에 관철하기 위해서는 보신하기가 어렵고 보신함에 뜻이 있으면 충의에 순殉하기가 어렵다고 하였는데, 오직 선생은 보신하는 명철한 지혜와 여국해망與國偕亡의 충절을 겸하였으니 옛날 이제夷齊에 못지않은 그 정충貞忠은 일월日月과 같이 빛난다고 후학들은 기록하고 있다.

정자가 건립된 것은 무자년戊子年(1948)으로, 이때 양산서원 터에 있던 척서정의 묘우廟宇를 헐어 양산폭포 아래 암반 위에 2층 누각 형식으로 이건한 것이다. 그동안 몇 차례 보수를 했으나 폭포로 인한 습기와 울창한 수음樹陰으로 후손朽損이 심해 보존에 어려움이 있었다. 그래서 이번 서당 중창과 더불어 보수하기로 문의門議가 이루어져 기존의 골기와를 걷어내고 청기와로 대체 단장하였다.

정자 쪽 암벽에는 양산陽山이란 두 글자가, 건너편 암벽에는 폭포瀑布라는 두 글자가 크게 각자刻字되어 있는데, 각자가 이루어진 것은 고종 5년 을미乙未(1895)의 일이다. 그리고 무진년戊辰年

(1988)에는 척서정낙성운陟西亭落成韻 19수를 편액각자扁額刻字하여 현판懸板하였다.

척서정은 주위의 경관이 뛰어나고 휴식하기에 좋은 기절처奇絶處라 많은 관광객이 찾아오고 있다. 앞으로 한티도로가 개통되면 내방객이 더 늘어나 정자의 훼손도 더욱 커질 것으로 예상된다. 건물의 관리와 보존에 각 종친의 각별한 관심이 있어야 할 것이다.

경재 선조의 백일청풍白日淸風을 마음속에 되새기고 홍문洪門의 흥성과 번영을 기원하며 이번 보수의 대강을 기록해 두는 바이다.

1990년 경오庚午 5월 일

제3부 양산서원 복원 기록

양산서원 복원기[陽山書院復元記]

서원은 역사적으로 추앙할 선비를 기념하면서 새 시대를 이끌어 갈 선비를 양성하는 곳이다. 그러므로 서원에는 추모할 선비의 사묘祠廟와 신진인사를 교육할 강당講堂과 합숙소인 동서재東西齋가 있다. 이와 같이 과거의 인물을 추모하고 동시에 미래를 이끌어 갈 인재를 교육하는 서원은 동양의 자랑이며 서양에는 없는 한국의 보물이다. 우리나라의 서원은 사림정치가 꽃피던 조선시대에 1천 개 가까이 있었는데, 18세기 영조와 19세기 대원군의 정리사업 및 일제강점 하의 악정으로 줄어들어 1백여 개가 겨우 남아 있었다. 그러다 1945년 해방과 더불어 대대적으로 복원재건復元再建하여 2011년에는 6백여 개로 증가하였다.

양산서원陽山書院은 팔공산 북록北麓 경상도 부계현에 있었으며, 정조 10년에 고려 충신 홍로洪魯 선생과 조선시대 사림의 선구자 홍귀달洪貴達, 홍언충洪彦忠 선생을 추모하여 원근遠近의 선비들이 건립하였다. 세 선생은 부림홍씨缶林洪氏로, 시조는 고려 중엽에 재상을 지낸 홍란洪鸞이다. 양산서원이 세워지기 이전에 이미 용재서원湧才書院과 율리사栗里祠를 세워 홍로 선생을 제향祭享하였으며, 율리사가 훼철된 뒤 다시 세덕사世德祠를 세워 위의 세 선생을 합향合享하게 되었다. 세덕사는 3년 뒤 양산서원으로 승호陞號되었으며, 양산서원은 대원군의 서원철폐령에 따라 다시 훼철되었다.

경재敬齋 홍로洪魯 선생은 목은牧隱 이색李穡, 포은圃隱 정몽주鄭夢周, 야은冶隱 길재吉再의 삼은三隱과 함께 성리학을 크게 일으켜 리학理學과 도학道學을 열었던 선비이다. 공양왕 2년에 문과에 급제하여 조정에 있을 무렵 이성계李成桂가 반정反正의 기미를 보이자 큰일을 도모하기 위해 고향땅 부계缶溪로 낙향하니 거기가 바로 한밤마을 대율大栗이다. 그때 포은 선생과 목은 선생의 수난 소식과 고려 멸망의 비보가 들려와 경재 선생은 자진순절自盡殉節로 고려에 대한 절의를 지켰다. 한편 문광공文匡公 허백정虛白亭 홍귀달洪貴達 선생은 조선 초기에 살았던 올곧은 선비로 세조 때 문과에 급제한 후 청요직을 두루 지내면서 많은 시문을 남겼으며, 양관兩官의 대제학大提學과 관찰사, 이조판서, 호조판서 등을 역임하면서 당대에 존경을 받았다. 그는 말년에 연산군의 폭정에 저항하다 결국 귀양지에서 사사되었으나 중종반정으로 신원되어 문광文匡의 시호를 받았으며 『허백정문집虛白亭文集』을 남겼다. 그의 아들인 우암寓菴 홍언충洪彦忠 선생은 22세 때 사마시司馬試와 대과大科를 한꺼번에 급제하여 세상을 놀라게 하고 승문원 등의 요직을 두루 역임하였다. 그 후 이조정랑吏曹正郎과 옥당교리玉堂敎理 등을 역임하고 연산군의 횡포로 갑자사화 때 아버지가 죽임을 당하자 진안으로 유배되었다가 다시 거제도로 이배되었다. 중종반정으로 풀려나 향촌에 은거하면서 글을 벗하며 살았으며 대표적인 문장으로 「자만사自挽詞」가 전한다.

이와 같이 여말의 경재 선생과 선초의 허백정·우암 선생 등 부림홍씨缶林洪氏 3현은 선대 회헌공晦軒公 안향安珦 선생이 수입장려한 성리학을 크게 일으키고 사림정치를 개척하여 조선시대 리학의 기초를 닦았다. 그리하여 부계를 중심으로 의흥과 군위, 의성, 대구 등지의 많은 선비들을 배출하였다. 그러한 양산서원이 훼철되었다가 21세기 새 시대를 맞아 정부의 지원으로 교육 목적을 위해 복원되니 얼마나 반가운 일인가? 또한 복원 기회에 목재木齋 홍여하洪汝河 선생과 수헌睡軒 홍택하洪宅夏 선생을 추향追享하니 이런 경사가 어디에 또 있으랴! 목재 선생은 『휘찬여사彙纂麗史』와 『동국통감제강東國通鑑提綱』을 저술한 유명한 역사학자로 삼한정통론三韓正統論을 제기하여 조선 후기 한국사학을 새롭게 개척한 선비였으며, 문화재로 지정된 『휘찬여사』 목판은 그동안 양산서원에서 보관해 왔다. 수헌 선생은 문과에 급제한 뒤 승문원과 성균관의 요직을 거쳐 돈녕부도정敦寧府都正을 지냈으며, 낙향하여 양산서원 중건과 후진 양성에 힘을 쏟고 『수헌문집睡軒文集』을 남겼다.

이와 같이 경재 선생을 비롯한 부림홍씨 유현儒賢의 행적을 바로 정리하여 양산서원을 복원하고 동시에 현조顯祖를 추향追享하는 사업은 비록 정부가 추진한 일이기는 하지만 홍희흠洪熹欽 전 대구은행장과 홍원식洪元植 계명대 교수를 비롯한 문중 어른들의 노력에 힘입은 바가 크다. 그분들의 성의에 감사하자. 그리고 군위 부계의 한밤마을에 학문을 일으키고 선비를 키울 양산서원이 복원되었다는 사실을 경향京鄕에 널리 알리자. 그래야 한밤마을이 아름다운 은하수 고을로 다시 피어날 것 아니냐? 후생들은 이러한 천도天道와 선지先志를 받들어 마을과 서원을 가꿀지어다.

2013년 7월 17일 경재공 순절 621주년 기념일
초대 한국국학진흥원장 문학박사 조동걸趙東杰 삼가 지음

양산서원 묘우 복원 상량문[廟宇復元上樑文]

天運有循環繼絶之理, 遵道則雖絶而必繼, 人史遺興亡盛衰之跡, 順善則幾衰而復興. 恭惟, 嶺南缶溪陽山書院建廟之由來, 鮮朝肅廟義興儒林遠慮道斷滅倫, 栗里全域良善士民慨歎俗頹失美, 建院於公山北麓鶴巖飛瀑之中畔, 設廟於講堂西園枝洞甑峰之前岡, 奉敬齋虛白寓庵之靈櫃, 以爲教學之懿範, 承堯舜孔孟程朱之道統, 而習仁義之綱領. 師長依鹿洞白雲學規, 以教修己治人之方, 生徒由經史子集節目, 以究治世濟民之實, 東西兩齋雲集英材, 已成文憲公徒之學風, 朝暮講堂不絶誦聲, 彷佛鄒魯讀經之光景. 然孰敢豫測書院制度之悲運, 依國令嚴禁私塾廟室之享祀. 陽山祠宇亦遭時厄, 侍奉之位被埋悠久, 廢墟礎石放置一紀, 往還之客嗟歎不已. 嗚呼可信遵道必繼順善復興之理, 快哉了知有志竟成盡心待天之訓, 教授洪大一與鄕黨諸賢, 主倡傳統文化教育之重要性, 農林水産部及地方官衙, 支援陽山書院復元之建築費, 辛卯起役工程順利, 復元廟宇不遠上樑, 請余巴調齊唱助興, 執筆俯仰不禁慷慨.

　兒郎偉抛樑東, 公山昔日今朝紅.

　廢墟新廟復元狀, 可信興衰由道功.

　兒郎偉抛樑西, 崔邃甑峰煙霧霎.

　誰唱採薇頌伯叔, 三賢節義使人悽.

　兒郎偉抛樑南, 依稀一嶺暮春嵐.

　淳風栗里千年史, 聖學承開善性涵.

　兒郎偉抛樑北, 鶴巖兀立休飛翼.

　如來默語拈華笑, 院域隣仙與佛國.

　兒郎偉抛樑上, 蒼天列宿皆明亮,

　奎星惟獨照書窓, 何須螢雪勵自養.

　兒郎偉抛樑下, 渭水源川永不捨.

　旦夕挹淸洗陋心, 焚香景仰誓陶冶.

　伏願上樑之後, 堂宇堅實, 萬代遺存, 靈楹薰蒿, 春秋不絶, 繼承
美風, 日革舊習, 體現中和, 志向大同, 樂育英材, 爲國棟樑, 名符海
東道學之淵源, 實合嶠南新儒之搖籃.

西紀 二千十二年 壬辰 四月 日

嶺南大學校 敎授 文學博士 洪瑀欽 謹撰

　천운天運도 순환·계승·단절의 이치가 있으니 도道를 따르면
단절되었다가도 반드시 이어지고, 인간 역사에 흥망성쇠의 사적

이 있지만 착함을 행하면 거의 쇠했다가도 다시 흥하도다. 삼가 영남 부계 양산서원 묘우 창건의 유래를 생각하건대, 조선 숙종조에 의흥 유림이 도단멸륜道斷滅倫을 우려하고 한밤 선비들의 풍속이 퇴폐함을 개탄하여, 팔공산 북쪽 학암鶴巖과 양산폭포의 중간에 서원을 세우고 강당 서쪽 지동枝洞 시루봉 앞 언덕에 묘우를 지어서, 경재·허백·우암 세 선생의 위패를 받들어 교육과 학습의 훌륭한 모범으로 모시고 요순·공맹·정주의 도통을 계승하여 인의의 강령을 학습했도다. 스승은 백록동·백운동 서원의 학칙에 의해 수기修己와 치인治人의 방법을 가르치고, 학생들은 경전經傳·역사歷史·제자문집諸子文集의 절목을 통해 치세治世와 제민濟民의 실상을 연구하니, 동서 양재에 영재들이 운집하여 고려 최충의 문헌공도 학풍을 이루었고, 아침저녁 강당에 책 읽은 소리 끊어지지 않음은 추로鄒魯지역의 독경讀經 광경에 방불했도다. 그러나 그 누가 예측했으랴, 서원제도의 비운과 국가 명령으로 서원의 묘실에 향사함을 엄금할 것을. 양산서원 묘우도 시대의 액운을 만나 모시던 위패는 매몰된 지 오래고, 폐허의 초석이 백여 년 간 방치됨에 오가는 나그네들은 차탄해 마지않았네. 오호라 "준도필계遵道必繼, 순선부흥順善復興"의 이치를 믿을 만하며, 쾌재라 "유지경성有志竟成, 진심대천盡心待天"의 격언을 확실히 알겠도다. 교수 홍대일과 향당제현들이 전통문화 교육의 중요성을 주창하고 농림수산부와 지방 관청에서 양산서원 복원의 건축비를 지원하여, 2011년에 공사를 일으킴에 공정이 순조로

윘도다. 묘우가 복원되고 상량이 임박함에 나에게 상량문을 지어 조흥助興을 하라 하니, 붓을 잡고 우러러 봄에 감개가 무량하네.

어영차, 대들보를 동으로 저어 보세,
팔공산의 옛날 태양 오늘에 다시 뜸에,
폐허에 새 묘우 원 모습을 복원하니,
흥망성쇠가 도道의 공효임을 믿을 만하네.

어영차, 대들보를 서쪽으로 저어 보세,
높고 깊은 시루봉에 연기 안개 개이니,
누가 채미가採薇歌 부르며 백이숙제를 칭송하는고,
삼현의 절개와 의리 처창하기 그지없네.

어영차, 대들보를 남으로 저어 보세,
한티재 봄 아지랑이 아롱지는데,
순박한 풍속 한밤마을 천년 역사는,
계왕개래繼往開來 성학聖學으로 선성함양善性涵養 때문일세.

어영차, 대들보를 북으로 저어 보세,
학암鶴巖이 우뚝 서서 나는 날개 접어 두고,
석가여래 말없이 염화미소 지으시니,
서원 경역이 선계仙界와 불국佛國을 이웃했네.

어영차, 대들보를 위로 들어 보세,
창공의 별들 모두가 반짝이지만,

규성만은 유독 서원 창문을 비추니,
어찌하여 형설로 자기 함양만 힘쓰리오.

어영차, 대들보를 아래로 내려 보세,
위수의 근원 냇물 영원히 흘러가니,
아침저녁 맑음으로 속세 마음 씻으면서.
향 피우고 우러러 보며 도야 맹서 하여 보세.

삼가 원하옵건대 상량을 마친 뒤에, 묘실은 견실하여 만대에
전해지고, 영위에 제사 지냄은 춘추로 이어지며, 미풍을 계승하되
낡은 풍습은 개혁하고, 중화中和사상을 체현하고 대동大同사회를
지향하며, 영재를 즐겨 길러 나라 일꾼 되게 하여, 명분은 한국도
학의 연원에 합당하고 실질은 영남 신유학의 요람이 되게 하소서.

2012년 임진壬辰 4월 일
영남대학교 교수 문학박사 홍우흠 삼가 지음

양산서원 읍청루 복원기[挹淸樓復元記]

說文云, 樓也者重屋, 卽一層以上之高層建物, 自古爲眺望秀麗
風光與瞰視人物動靜而建之者多矣. 中國之岳陽黃鶴, 韓國之矗
石嶺南樓屬於前者, 各種都城宮闕寺院之門樓屬於後者之類, 挹
淸樓本是慶北軍威郡缶溪面南山里所在陽山書院之門樓, 按其書
院之由來, 則朝鮮肅宗朝義興儒林爲繼承高麗忠臣敬齋洪魯先生
與朝鮮朝兩館大提學文匡公虛白洪貴達先生及其子寓庵洪彦忠
先生之節義精神以設立之地方私立學校也. 其規模, 完備廟宇講
堂東西齋門樓等傳統書院之定規制度, 立址則西背甂峰東向公山
南橫一嶺北屛鶴巖之澗畔, 可謂天惠靈地, 培養人傑之搖籃也夫.
不但如此, 院前溪谷, 南川玉水, 灘琴演奏, 晝夜不舍, 故稱其門樓
曰挹淸矣. 至朝鮮末期, 依國令毁撤全國書院之時, 陽山書院亦被
殃禍, 以書堂改額之後, 挹淸樓只遺一張懸板而頹落消失, 使人不
知其原樣, 然天運有循環, 人史有盛衰, 至於近來, 由蔣旭軍威郡守,
洪大一啓明大學敎授, 洪尙根軍威文化院長及洪晉圭慶北道議員

等地方官民之合心協力, 自農林水産食品部受領農村綜合開發事業基金, 以於其事業中, 爲傳統文化敎育而復元陽山書院, 又將其原額挹淸樓而懸於門樓, 門則正中爲神道, 左右有挾挾之木造三間矣. 嗚呼, 挹淸樓, 其端雅生動之氣象, 顯現陽山之韻致與書院之含意也. 衆所周知, 書院實有祭享先賢與培養後進之兩種目的, 故運營陽山書院之任員, 名實相符, 爲其目的達成, 盡心竭力而已. 又請出入此陽山書院者, 仰觀挹淸, 深想淸白淸潔淸淡之義而反芻於胸中, 爲明哲保身, 報國貢獻之龜鑑也哉.

西紀 二千十三年 三月 日

嶺南大學校 名譽敎授 文學博士 洪瑀欽 謹記

『설문해자說文解字』에서는 '루樓'를 중옥重屋 즉 1층 이상의 고층 건물이라 하였으니, 자고로 수려한 풍광을 조망眺望하거나 군중의 동정動靜을 감시하기 위해 건조建造된 루가 많았다. 중국의 악양루岳陽樓·황학루黃鶴樓, 한국의 촉석루矗石樓·영남루嶺南樓 등은 전자에 속하고 도성이나 궁궐 및 사원 등의 문루門樓는 후자의 유형에 속하는 것이니, 읍청루挹淸樓는 경북 군위군 부계면 남산리 소재 양산서원의 대문으로 건축된 누각이었다. 양산서원의 유래를 살펴보건대, 조선 숙종조에 의흥 유림이 고려 충신 경재敬齋 홍로洪魯 선생과 조선조 양관대제학兩館大提學을 역임한 문광공文匡公 허백虛白 홍귀달洪貴達 선생 및 그 아들 우암寓庵 홍언충洪彦忠 선생의 도덕과 절의정신을 계승·발전시키기 위해 설립한 지방사립학교였다. 그 규모는 묘우廟宇·강당講堂·동재東齋·서재西齋·문루門樓 등 전통서원의 정규 제도를 완비했으며, 입지는 서방으로 증봉甑峰을 등지고 동방으로 팔공산八公山을 향하면서 남방의 일령一嶺과 북방의 학암鶴巖이 흘립위요屹立圍繞하고 있는 간반澗畔이니, 그야말로 천혜의 영지靈地요 인걸을 배양하기 위한 요람이었다. 어찌 그뿐이랴. 서원 앞 계곡에는 남천南川의 옥수玉水가 주야불사晝夜不舍 탄금灘琴을 연주하고 있으니, 그래서 그 문루를 읍청挹淸이라 명명했던 것이다. 조선 말기 국령에 의해 전국의 서원이 훼철되자 양산서원도 그 재앙에 의해 서당으로 명칭이 격하됨과 동시에 읍청루는 다만 한 장의 현판만 남긴 채 퇴락소실頹落消失, 그 원래의 모습을 잃어버리고 말았다. 그러나 天運은 순환하고 역사는 성쇠를 반부하는지라, 근래에 이르러 장욱蔣旭 군위군수, 홍대일洪大一 계명대 교수, 홍상근洪尙根 군위문화원장 및 홍진규洪晉圭 경북도의원을 위시한 지방관민의 합심협력에 의해 농림수산식품부로부터 농촌종합개발사업기금을 승인받은바, 그 사업 중 전통문화교육을 목적으로 양산서원을 복원함과 동시에 그 문루에 '읍청루'란 옛 현판을 걸게 되었다. 문루는 중간의 신도문神道門과 좌우 액문掖門을 겸비한 목조 겹삼간이다. 오호라, 읍청루는 그 단아하면서도 생동하는 기상이 양산의 운치와 서원의 함의를 현현顯現하고 있다. 누구나 잘 아는 바와 같이 서원은 선현을 제향하고 후진을 배양하는 두 가지 목적을 지니고 있다. 그러므로 장차 양산서원을 운영하는 임원은 명실상부 그 목적달성을 위해 진심갈력盡心竭力해야 할 것이다. 그리고 이 양산서원을 출입하는 분들은 읍청루를 우러러 보고 가슴속에 청백淸白·청결淸潔·청담淸淡의 뜻을 되새겨 명철보신明哲保身, 보국공헌報國貢獻의 귀감으로 삼아 주기 바란다.

2013년 3월 일

영남대학교 명예교수 문학박사 홍우흠 삼가 지음

양산서원 복원과 양선생 추가 배향에 대한 통문
[陽山書院復元及追配兩先生通文]

○○○○○○○座下.

謹啓,

乙未新春, 梅香滿園之際, 尊候錦安, 貴書院一如昌盛否, 仰溯區區無已. 今番仰告之事, 就是慶尙北道軍威郡缶溪面南山里所在本陽山書院, 幸蒙國恩而復元, 不惟還安敬齋洪魯, 虛白亭洪貴達, 寓庵洪彦忠等三先生之神位, 亦由鄕黨士林之熟論, 以追加配享斯文巨擘木齋洪汝河與睡軒洪宅夏兩先生之櫝而爲嶺南士林之士表矣. 玆以啓告, 伏惟尊照.

西紀 二千十五年 三月 日 陽山書院長 拜上

○○○○ ○○○ 님께.

삼가 알리오니,

희망의 을미년 새봄을 맞이한 이때, 존후금안_{存候錦安}하시며 귀 서원의 제절_{諸節}이 한결같이 창성_{昌盛}하심을 기축_{祈祝}하기 그지

없사옵니다. 이번에 아뢸 일은 경상북도 군위군 남산리에 소재한 본 양산서원이 다행히 국은國恩에 의해 복원된바, 묘우廟宇에 경재敬齋 홍노洪魯, 허백정虛白亭 홍귀달洪貴達, 우암寓庵 홍언충洪彦忠 등 세 선생의 신위神位를 환안還安함과 동시에 향당 사림의 숙론熟論을 거쳐 사문斯文의 거벽巨擘이신 목재木齋 홍여하洪汝河, 수헌睡軒 홍택하洪宅夏 두 선생의 신위를 추가 배향하여 영남 사림의 사표師表로 모시고자 하는 일입니다. 삼가 통고하오니 존조尊照해 주시기를 간망하옵니다.

2015년 3월 일 양산서원장 배상

양산서원 복원과 양선생 추가 배향의 통문에 대한 답서[答陽山書院復元及追配兩先生通文]

陽山書院長座下

謹審,

貴院榮獲國費, 復建元樣, 實爲嶺南士林之所望矣. 追加配享木齋洪汝河, 睡軒洪宅夏先生之事, 按兩公之履歷, 則學承正統, 遺業燦然, 名實相符, 事宜情切, 玆以仰賀, 幷祝永享.

西紀 二千十五年 三月 日 臨皐書院長 拜上

양산서원 원장님께.

삼가 살피건대,

귀 양산서원이 영광스럽게 국비에 의해 원양元樣을 복원하게
됨은 영남 사림의 소망이었습니다. 목재 홍여하, 수헌 홍택하
선생을 추가 배향하게 된 일은 두 분의 이력을 살펴본즉 학문은
유가의 정통을 이었고 남긴 업적은 찬연한지라 명실상부名實相符
하고 사의적절事宜適切합니다. 이에 하례賀禮하며 아울러 영원한
향사享祀를 기원합니다.

2015년 3월 일 임고서원장 배상

陽山書院長座下

審悉

貴院復元之事, 慶賀無已. 追配木齋洪汝河, 睡軒洪宅夏先生之
事, 稽考兩公之德業, 則生爲師表, 遺勳靑史, 故設位追配, 時宜事
切也. 玆以謹祝, 兼冀永享.

西紀 二千十五年 三月 日 道東書院長 拜上

양산서원 원장님께.

삼가

귀 서원의 복원 소식을 듣고 경하해 마지않습니다. 목재 홍여하,

수헌 홍택하 선생의 추가 배향에 관한 논의는 두 분의 덕업을 상고해 본즉 생시에는 남의 사표가 되었으며 역사에 큰 교훈을 남겼으니, 묘우를 마련하여 배향함은 시의적절한 일인지라, 이에 추가 배향을 축하함과 아울러 영원한 향사를 기원하는 바입니다.

2015년 3월 일 도동서원장 배상

陽山書院長座下

　會聞

　貴陽山書院, 淵源悠長, 就是義興士林之求道養賢之搖籃, 再建其元樣, 嶺南士林之慶幸也. 追配木齋, 垂軒先生之事, 審悉其生平, 則德業兼備, 時人崇仰, 蹟遺墳典, 稱爲師表, 故設位配享, 事理當然, 謹賀追配, 竝冀永享矣.

西紀 二千十五年 三月　日 大邱鄕校 典校 拜上

양산서원 원장님께.

일찍이 듣건대,

귀 양산서원은 연원이 유장悠長하여 의흥 사림이 구도양현求道養賢하던 요람이었으니, 그 원래의 모습을 복원함은 영남 사림의 경사요 행운입니다. 목재·수헌 선생 추가 배향에 관한 일은 두 분 선생의 생애를 자세히 살펴본바 덕망과 학문을 겸비하여 당시 사람들이 우러러보았으며 역사에 큰 흔적을 남김으로써 모두가 사표라 불렀으니 자리를 마련하여 배향함은 사리에 당연합니다. 추가 설위設位를 축하함과 아울러 영원한 향사를 기원합니다.

2015년 3월 일 대구향교 전교 배상

陽山書院長座下

謹聞

貴陽山書院, 淵深根固, 乃是軍威士林崇賢養材之道場, 復元其舊樣, 斯文之欣禧也. 追配木齋, 垂軒先生之事, 稽考其遺業, 則德高學廣, 時人景仰, 稱爲師表, 故追尊配享, 吾黨之慶事, 祇祝永享而已矣.

西紀 二千十五年 三月 日 河陽鄕校 典校 拜上

양산서원 원장님께

삼가 들건대

귀 양산서원은 연원이 깊고 근본이 공고하여 군위 사림이 숭현양재崇賢養材해 온 도량이었습니다. 그 옛 원형을 복원함은 사문斯文의 즐거움입니다. 그리고 목재·수헌 선생의 추가 배향에 관한 일은, 그 유업遺業을 계고稽考해 본바 덕고학광德高學廣하여 당시 사람들이 우러러 사표로 불러왔던 분들이니, 그 추가 배향은 우리의 경사입니다. 다만 영원한 배향을 기원할 뿐입니다.

2015년 3월 일 하양향교 전교 배상

陽山書院長貴下

謹聞,

貴院復元之禧, 恭賀且祝矣. 追配木齋洪汝河, 垂軒洪宅夏先生之事, 深考兩先生之行蹟, 則博學崇德, 遺業燦然, 於今追配, 實有晚時之歎, 景仰無已.

西紀 二千十五年 三月　日 琴湖書院長 拜上

양산서원 원장님께.

삼가

귀 양산서원의 복원 소식을 듣고 축하해 마지아니합니다. 목재 홍여하, 수헌 홍택하 선생의 추가 배향에 관한 일은, 두 분 선생이 모두 행적을 갖추었고 역사에 남긴 흔적이 뚜렷한지라 지금의 추가 배향은 실로 때늦은 감이 있습니다. 추가 배향을 축하하며 경앙敬仰해 마지않습니다.

2015년 3월 일 금호서원장 배상

陽山書院長貴下

　謹審

　陽山書院復元之禧, 仰賀且祝矣. 追配木齋, 垂軒先生之事, 考其
行蹟, 則學德兼備, 遺業燦然, 可爲嶺南儒林之巨擘, 軍威鄕黨之師
表也. 於今設廟配享, 實有晩時之歎, 冀願如案, 玆以回信.

　　　　　　　西紀 二千十五年 三月　日 軍威鄕校 典校 拜上

　양산서원 원장님께.

　삼가

　양산서원 복원의 경사로운 소식을 듣고 진심으로 축하합니다.
목재, 수헌 두 선생의 추가 배향에 관한 일은, 두 분의 사적을
살펴본즉 학덕을 겸비하고 유업이 찬연하여 영남 사림의 거벽巨
擘이며 군위 향당의 사표라 할 수 있습니다. 지금 묘우를 세워
배향함은 실로 때늦은 감이 듭니다. 그 추가 배향의 안이 계획대로
이루어지기를 기원하면서 회신에 답합니다.

　　　　　　　2015년 3월 일 군위향교 전교 배상

陽山書院長貴下

　謹審

　貴陽山書院之復元, 實爲軍威鄕黨之宿願, 又爲嶺南士林之慶幸

也. 追配木齋, 垂軒先生之事, 則遠近已曉兩先生之崇高德望及燦
然遺業, 故設宇配享, 當然之事, 冀願永享而已矣

西紀二千十五年三月 日 南溪書院長 拜上

양산서원 원장님께.

삼가 생각하건대

귀 양산서원의 복원은 실로 군위 향당의 숙원이며 영남 사림의
경사라 여겨집니다. 목재·수헌 선생 추가 배향에 관한 일은
원근 사람들이 이미 두 분 선생의 숭고한 덕망과 찬연한 유업을
이해하고 있는지라 묘우를 지어 배향함은 당연한 일입니다. 영원
한 배향을 기원할 뿐입니다.

2015년 3월 일 남계서원장 배상

양산서원 복원 삼선생 환안 고유문

[三先生還安告由文]

西紀二千十五年十月三十一日, 陽山書院運營委員長○○○, 謹
告于高麗門下舍人敬齋洪先生, 朝鮮朝兩館大提學文匡公虛白洪
先生, 吏曹正朗寓庵洪先生, 埋版嵫下,

義興士林, 曾設本院,

奉安尊靈, 仰德爲範.

師弟合心, 敎學不倦,

頌聲不絶, 養材實多.

時不利兮, 依勅毀撤,

哀慟罔極, 埋版已久.

嗚呼天理, 循環反復,

蒙國厚恩, 再構元樣.

完工廟宇, 設几備櫝.

伏請尊靈, 下瞰情況,

歸依元席, 照顧後生.

二千十五年 十月三十一日 文學博士 洪瑀欽 謹撰

서기 2015년 10월 31일 양산서원 운영위원장 ○○○는 삼가 고려 문하사인 경재 홍선생, 조선조 양관 대제학 허백 홍선생, 이조정랑 우암 홍선생의 매판등 아래 아뢰옵건대,

　의흥사림이 일찍이 본 서원을 설립하여,

　존령을 받들어서 덕을 우러르고 모범으로 삼아,

　사제가 합심하여 가르치고 배움을 부지런히 함에,

　글 읽는 소리 이어져 많은 인재를 배양했습니다.

　그러나 시대가 불리하여 칙령에 의해 훼철된지라,

　망극한 애통 속에 위패를 매장한 지 오래되었습니다.

　오호라, 천리는 순환을 반복하여,

　거액의 국비 보조로 원래의 모습을 다시 찾아,

　묘우를 완공하고 궤독几櫝을 마련한 뒤,

　삼가 존령께 청하옵건대 정황을 살피시어,

　원래 궤석几席으로 돌아가셔서 후생들을 돌봐주소서.

　　　　2015년 10월 31일 문학박사 홍우흠 삼가 지음

양산서원 목재·수헌 양선생 추향 고유문
[木齋睡軒兩先生追享告由文]

西紀二千十五年十月三十一日, 陽山書院運營委員長○○○, 謹
告于高麗門下舍人敬齋洪先生, 朝鮮朝兩館大提學文匡公虛白洪
先生, 吏曹正朗寓庵洪先生,

時運隆盛, 復元祠宇,

三位先生, 回安故座,

義興士林, 由此契機,

發議追配, 嚴正考究,

木齋學行, 千秋爲範,

睡軒立功, 鄕黨頌業,

增設二楬, 合祀五位,

朝夕仰德, 爲是指南,

伏惟尊靈, 迎後敬先,

堅守斯文, 保佑國學.

二千十五年 十月三十一日 文學博士 洪瑀欽 謹撰

서기 2015년 10월 31일 양산서원 운영위원장 ○○○는 삼가 고려 문하사인 경재 홍선생, 조선조 양관 대제학 허백 홍선생, 이조정랑 우암 홍선생께 아뢰옵건대,

　　시운時運이 융성하여 사우祠宇를 복원함에,

　　세 분 선생을 다시 옛 좌석에 모시게 되었습니다.

　　의흥 사림은 이 계기로 말미암아,

　　추가 배향을 발의하고 엄정히 고구考究한 결과,

　　목재 선생의 학행學行은 천추에 모범이 될 만하며,

　　수헌 선생의 입공立功은 향당이 그 업적을 칭송하기에,

　　이탑二榻을 증설하고 다섯 분을 합사하여,

　　조석으로 성덕盛德을 우러르며 지남指南으로 삼겠습니다.

　　존령尊靈들께서는 이위二位를 맞이하고 삼위三位를 존경하시며,

　　굳게 사문斯文을 지켜주시고 국학國學을 보우해 주소서.

　　　　　　2015년 10월 31일 문학박사 홍우흠 삼가 지음

양산서원 오선생 봉안 헌다례 고유문
[五先生奉安獻茶禮告由文]

西紀二千十五年十一月二十八日, 陽山書院長○○○, 謹告于高
麗門下舍人敬齋洪先生, 朝鮮朝兩館大提學文匡公虛白洪先生,
吏曹正郎寓庵洪先生, 贈副提學木齋洪先生, 敦寧府都正睡軒洪
先生,

人文淵源, 肇自天道, 唐虞體現, 鄒魯承統,
繼絶八代, 退之提唱, 天運循環, 宋學隆盛,
國營太學, 享聖化民, 私設書院, 尊賢教徒,
白鹿始創, 紹修倣樣, 東邦自是, 競立書堂,
義興士林, 也設學塾, 懸額陽山, 繼往開來,
院揚斯文, 一代盛事, 但因人慾, 迷忘其義,
陷於末弊, 不免矛盾, 依勅毁撤, 本院亦殃,
時流世變, 許容復古, 到處復院, 雨後竹筍,
然觀現況, 不符名實, 爲主祭享, 已失教機,
豈讓志士, 何不爲慮, 嗟歎之餘, 幸蒙國恩,
官民協力, 修復本院, 結成委員, 深思熟考,

依靠聖訓, 施教爲本, 奉安五位, 以爲尊師,

有時焚香, 獻茶一杯, 瞻仰崇德, 學習高節,

名士遵道, 開設講席, 穎才雲集, 竭誠明德,

日新又新, 克己復禮, 求仁不息, 行道自任,

嗚呼大同, 何代見成, 知不可以, 爲之而已,

伏惟尊靈, 萬世陟降, 照察後生, 保佑道統,

朗誦禮訓, 洗爵獻茶, 原量其義, 歆饗樸味.

二千十五年 十一月 二十八日 文學博士 洪瑀欽 謹撰

서기 2015년 11월 28일 양산서원장 ○○○는 삼가 고려 문하
사인 경재 홍선생, 조선조 대제학 허백정 홍선생, 이조정랑 우
암 홍선생, 부제학 목재 홍선생, 돈령부도정 수헌 홍선생께 아
뢰옵건대,

인류문명의 연원이 천도에서 유래했던바,

요순은 몸소 실현하고 공맹은 도통을 이었습니다.

팔대 동안 도통이 단절됨에 한유韓愈는 부흥을 제창했으며,

천운순환으로 송대宋代는 도학道學이 융성하게 되었습니다.

국가는 태학을 경영하여 성인을 제사하고 백성을 교화했으며,

개인은 서원을 열어 현인을 존경하고 학도들을 가르쳤으니,

백록서원이 창건되자 소수서원이 그것을 본뜬즉,

동방이 이로부터 다투어 서당을 세우니,

의흥 사림들도 학숙을 설립하여,

양산陽山이라 명명하고 계왕성개래학繼往聖開來學하였습니다.

서원이 유교문화를 발양했음은 한 시대의 성사盛事였으나,

운영하는 사람들의 사욕으로 그 본의를 망각하여,

말폐에 빠지고 모순을 면치 못함에,

칙령에 의한 훼철로 본원 역시 재앙을 당했습니다.

시대가 지나고 세태가 변하여 복고를 허용하자,

도처에서 서원을 복원함이 우후죽순 같았으나,

그 현황을 살펴보건대 명실名實이 부합하지 않아,

향사享祀를 주로 하여 교화敎化의 기능을 잃어버리게 되었으니,

어찌 지사志士로 하여금 우려하지 않게 할 수 있겠습니까.

탄식해 오던 차 다행히도 국고의 보조를 받아,

관리와 주민이 협력하여 본 서원을 복원함에,

위원을 결성하여 심사숙고한 결과,

성인의 훈계에 의해 교화를 근본으로 하되,

다섯 분을 받들어 스승으로 모시고,

때때로 향 피우고 차 한 잔 올리며,

높은 덕 우러러 고결한 절개를 학습하도록 하였습니다.

명사들은 다섯 분의 정신을 계승하여 강의 좌석 마련하고,

영재들은 운집하여 본성 밝힘에 노력하여.

날마다 새롭게 극기복례하며,

인仁사상 추구를 멈추지 않고 행도行道를 자임할 것입니다.

아! 유교의 이상 대동사회는 언제 이루어질 수 있겠습니까.
이룰 수 없는 것인 줄 알면서도 그것은 해야 할 뿐입니다.
바라옵건대 존령들께서는 영원토록 이 묘우에 강림하시어,
후생을 돌보시고 유가의 도통을 보우해 주소서.
『예기』「예운」편 낭송하며 잔 씻어 차를 올리오니,
그 의의 헤아리시어 소박한 맛 흠향해 주소서.

2015년 11월 28일 문학박사 홍우흠 삼가 지음

양산서원 복원 오선생 봉안 헌다례 식순[笏記]

■ 식전 안내

☞ 정해진 시간이 되어 곧 식을 시작할 예정이오니 내빈께서는 모두 묘우 앞에 마련된 자리로 나오셔서 정렬해 주시기 바랍니다.

☞ 오늘 헌다獻茶해 주실 본 서원 원장님, 군위 군수님, 군위군 의회 의장님, 독축하실 김시황 박사님과 헌화獻花하실 오선생五先生 후손 대표는 앞자리로 나와 주시기 바랍니다.

■ 개회 : 사회자

☞ 지금부터 <양산서원복원기념 헌다례>를 시작하겠습니다.

☞ 오늘 행사는 1, 2부로 나누어 진행하되, 제1부에서는 내빈 소개, 국민의례, 봉안 오선생에 대한 약사 보고 및 행사 진행 준비에 관한 설명, 본원 원장님의 인사 말씀, 『예기禮記』 「예운禮運」편 '대동大同' 부분 낭독, 축사 순으로 진행하겠습니다.
그리고 제2부에서는 묘우봉안廟宇奉安 오선생에 대한 헌다례에 이어 헌화례를 하도록 하겠습니다.

제1부

☞ 그럼 먼저 군위문화원 홍상근 원장님께서 이 자리에 참석하신 내빈을 소개하도록 하겠습니다.

☞ 다음은 국민의례가 있겠습니다. 모두 앞에 있는 국기를 향해 주시기 바랍니다.

국기에 대한 경례 ~ ~ ~ 바로

☞ 다음은 순국선열에 대한 묵념을 하시겠습니다.

묵념 ~ ~ ~ 바로

☞ 다음은 영남대학교 명예교수이며 본 서원 운영위원인 홍우흠 박사로부터 봉안 오선생의 약사 및 행사 진행 과정에 대한 보고가 있겠습니다.

☞ 다음은 영남대학교 명예교수이며 본원 원장이신 이완재 박사님의 인사말씀이 있겠습니다.

☞ 다음은 부계중학교 ○학년 ○○○ 군이 유학의 종주宗主 공자孔子께서 일생 동안 추구했던 유교사상의 핵심이며, 현대 서원교육의 목표라 할 수 있는 『예기』「예운」편의 '대동大同' 부분을 낭독하도록 하겠습니다.

☞ 다음은 축사가 있겠습니다. ○○○ 국회의원께서 나오셔서 축사를 해 주시기 바랍니다.

제2부

☞ 다음은 제2부 순서인 헌다례와 헌화례를 진행하도록 하겠습니다.
먼저 집사는 제상에 마련된 초에 점화를 해 주십시오.
그리고 경건히 앞으로 나가 위패가 모셔진 독櫝을 열어 주십시오.

■ 강신례降神禮

☞ 집사는 원장님을 묘우 오른쪽 문으로 안내하여 향안전香案前에 앉으
시도록 도와주십시오.

☞ 원장님께서는 향탁에 놓인 향을 소분燒焚해 주시기 바랍니다.

☞ 원장님은 두 번 절하십시오.

■ 참신례參神禮

☞ 그럼 참신례를 시작하겠습니다.

☞ 모든 참례자께서는 봉안 오선생님을 향하여 두 번 절하십시오.

■ 초헌례初獻禮

☞ 초헌은 본 서원 원장님께서 하시겠습니다.

☞ 원장님께서는 향탁 앞에 궤좌跪坐하셔서 분향해 주십시오.

☞ 왼쪽 집사는 다섯 찻잔을 앞의 다안茶案 위에 차례대로 올려놓으십시
오.

☞ 왼쪽 집사는 왼쪽 첫째 찻잔을 원장님께 드리고, 오른쪽 집사는

원장님이 든 찻잔에 차를 가득 채워 주십시오.

☞ 왼쪽 집사는 원장님이 든 찻잔을 받아서 왼쪽 신위 앞에 올려놓으십시오.

☞ 두 집사는 왼쪽 둘째 찻잔부터 다섯째 잔까지 같은 동작과 순서로 올려놓으십시오.

☞ 두 집사는 올려놓은 찻잔의 뚜껑을 열어 주십시오.

☞ 두 집사는 제상위에 놓인 저를 간추려 놓으십시오.

■ **독축**讀祝

☞ 다음은 고유문 낭독이 있겠습니다. 고유문은 경북대학교 명예교수 김시황 박사님께서 낭독하시겠습니다.

☞ 집사는 김시황 박사님을 묘우 오른쪽 문으로 들어오셔서 초헌관 왼쪽에 궤좌跪坐할 수 있도록 안내해 주십시오.

☞ 초헌관과 참례자 전원은 잠시 부복해 주십시오.

☞ 고유문을 낭독해 주십시오. ~ ~ ~ ~ ~

☞ 모두 일어나 주십시오.

☞ 집사는 축관을 묘우 왼쪽 문으로 안내하여 본래 자리로 모시기 바랍니다.

☞ 초헌관은 다시 두 번 절하십시오.

☞ 왼쪽 집사는 초헌관을 왼쪽 문으로 안내하여 원래 자리로 모십시오.

☞ 두 집사는 초헌관이 올렸던 찻잔을 내려 퇴다退茶 그릇에 부은 다음 그 찻잔을 원래 순서대로 다안茶案에 내려놓으십시오.

■ 아헌례亞獻禮

☞ 다음은 아헌례를 올리도록 하겠습니다. 아헌은 김영만 군위 군수님 께서 하시겠습니다.

☞ 집사는 아헌관인 군수님을 묘우 오른쪽 문으로 들어오셔서 향안전香 案前에 앉으시도록 안내해 주십시오.

☞ 군수님께서는 분향焚香하신 다음 궤좌跪坐해 주십시오.

☞ 두 집사는 초헌례의 동작과 순서에 따라 다섯 잔의 차를 각 신위 앞에 올려놓으십시오.

☞ 집사는 제상 위에 올린 찻잔의 뚜껑을 열어 주십시오.

☞ 두 집사는 제상위에 놓인 저를 다시 간추려 놓으십시오.

☞ 아헌관은 두 번 절하십시오.

☞ 왼쪽 집사는 아헌관을 왼쪽 문으로 안내하여 원래 자리로 모십시오.

☞ 두 집사는 아헌관이 올렸던 찻잔을 내려 퇴다退茶 그릇에 부은 다음 그 찻잔을 원래 순서대로 다안茶案에 내려놓으십시오.

■ 종헌례終獻禮

☞ 다음은 종헌례를 올리도록 하겠습니다. 종헌은 군위군 의회 김윤진 의장님께서 하시겠습니다.

☞ 집사는 의장님을 묘우 오른쪽 문으로 들어오셔서 향안전香案前에 앉으시도록 안내해 주십시오.

☞ 종헌관께서는 분향焚香하신 다음 궤좌跪坐해 주십시오.

☞ 두 집사는 아헌례의 동작과 순서에 따라 다섯 잔의 차를 각 신위

앞에 올려놓으십시오.

☞ 집사는 제상 위에 올린 찻잔의 뚜껑을 열어 주십시오.

☞ 두 집사는 제상위에 놓인 저를 다시 간추려 놓으십시오.

☞ 아헌관은 두 번 절하십시오.

☞ 집사는 신위 앞에 놓인 찻잔의 뚜껑을 닫아 약간 앞으로 물리고 저를 내려놓으십시오.

☞ 왼쪽 집사는 아헌관을 왼쪽 문으로 안내하여 원래 자리로 모십시오.

■ **헌화례**獻花禮

☞ 이어서 헌화례를 시작하겠습니다. 헌화례는 묘우봉안 오선생 후손께서 먼저 하시겠습니다.

☞ 후손 대표는 묘우 오른쪽 문으로 들어오시기 바랍니다.

☞ 후손 대표는 각 신위 앞에 헌화하시고 함께 두 번 절하십시오.

☞ 후손 대표는 왼쪽 문으로 나가 원래 자리로 돌아가 주시기 바랍니다.

☞ 다음은 참례자 모두가 헌화하시겠습니다.

☞ 참례자 헌화는 부득이 묘우 앞뜰에 마련된 헌화 탁자에 꽃을 올리고 묵념하도록 하겠습니다.

☞ 집사는 헌화 탁자와 올릴 꽃을 준비하십시오.

☞ 내빈께서는 오른쪽 계단으로 올라오셔서 헌화 묵념하신 다음 왼쪽계단으로 내려가셔서 원래 자리에 서 주시기 바랍니다.

■ **사신례**辭神禮

☞ 마지막으로 사신례를 올리도록 하겠습니다.

☞ 헌관과 전체 내빈께서는 함께 두 번 절하십시오.

☞ 사회자와 집사는 열었던 신위의 독을 닫고 촛불을 끈 다음 향안 앞에 나와 함께 두 번 절하십시오.

☞ 이로써 양산서원 복원오선생봉안 헌다례와 헌화례를 모두 마치겠습니다.

■ 광고

양산서원 복원 경과

　이곳 양산서원陽山書院은 1786년(정조 10)에 처음 설립되었으며, 1868년 대원군 때 국명國命에 의해 훼철되었다. 이후 1897년 서원 옛터에 척서정陟西亭이 세워지고, 이어 1948년 양산서당陽山書堂이 세워져 여러 차례 보수하였다. 1990년 5월에 있었던 마지막 보수 작업은 문중 재력의 부족으로 후손들의 성금에 의존해 겨우 강당을 중수하는 데 그쳤다. 방대한 규모의 양산서원을 개별 문중의 재력만으로 옛 모습 그대로 완전히 복원한다는 것은 여간 어려운 일이 아니었다.

　2004년 지방분권과 지역균형발전을 위한 특별법이 제정됨에 따라, 농림수산식품부에서 주관하는 '농촌마을 종합개발사업'과 안전행정부에서 주관하는 '살기 좋은 지역 만들기 사업'이 공포되었다. 이에 2006년 한밤마을 전역(대율 1·2리, 동산 1·2리, 남산 1·2리)에 이 사업을 유치하고자 본인이 중심되어 각계 인사들의 의견을 수렴하고 주민들의 뜻을 모아 사업계획서를 신청하기로 하였다. 이 사업신청을 위하여 한밤마을 추진위원회가 결성되었고, 초대 추진위원장에 홍연소洪淵昭 씨, 총무이사에 홍진규洪晋圭 씨, 홍보이사에 본인이 선임되어 각 마을별로 설명회 및 의견수렴을 위한 수십 차례의 회의를 가진 끝에 예비계획서를 작성하여 제출하였다.

2007년 군위군을 통하여 사업승인을 통보받은 뒤 기본계획서를 수립하게 되었다. 기본계획서 수립은 정부가 요구하는 절차에 따라 한국농어촌공사가 주관하여 대경연구원大慶硏究院이 수행하였다. 한밤마을 추진위원회도 운영위원회로 개편하여 본인이 운영위원장을 맡고 총무이사는 노문욱魯文旭 씨가, 재무이사는 홍칠흠洪七欽 씨가 맡았고, 대경연구원의 연구진이 대거 투입되어 의견수렴과 조사분석을 거쳐 소득기반사업, 농촌생활 기반사업, 운동휴양시설 및 경관시설 사업 등 4개 영역으로 최종 사업 분야가 확정되었다.

그 중에서 특히 농촌생활 기반사업 조성은 한밤마을의 문화유산인 양산서원과 척서정, 대율리大栗里 대청大廳, 남천고택南川古宅, 10여 개의 재실齋室 등을 정비하여 전통문화 체험 및 예절교육장을 설립하는 차별화된 전략을 세웠다. 그리고 위 사업의 기본계획 과정에서 전통문화마을 조성의 일환으로 한밤마을 전통예절문화학교를 건립하기로 하고, 양산서원 내에 2층 콘크리트 건물을 건설할 것을 의결하여 부림홍씨 문중으로부터 20년간 토지사용 승낙을 받은 뒤 정부의 승인을 얻어 진행하게 되었다.

2010년 실시설계를 위하여 한밤마을을 중심 대상으로 한 <군위관광자원개발 심포지엄>과 <양산서원의 역사적 위치와 교육공간 활용을 위한 학술심포지엄>을 두 차례에 걸쳐 진행하면서, 양산서원 권역은 문화재보호구역이기 때문에 문화재청文化財廳으로부터 형상변경形狀變更의 허가를 받아야 한다는 사실을 알게 되었다. 이에 학술심포지엄의 결과를 토대로 예지건축사사무소에서 설계를 완료해 문화재청에 제출하였으나, 형상변경심의에서 서원 전역을 시발굴試發掘해 옛 모습대로 원형 복구할 것을 지시받았다. 이를 위하여 문화재 전문위원 및 전문가의 의견을 수렴하여 양산서원을 옛 형태대로 복원하기로 결정하였다. 군위군과 한국농어촌공사가 시굴·발굴 전문회사인 (재)동서문화재연구원을 선정하여 시굴·발굴 작업을 실시한 결과, 묘우廟宇와 묘우 삼문三門, 입나재立懦齋, 구인재求仁齋, 읍청루挹淸樓 및 관리동管理棟의 건립을 결정하였다. 이에 따라 전사청典祀廳은 이건하게 되었다.

그리고 『경재선생실기敬齋先生實紀』와 『(목재선생가숙)휘찬여사(木齋先生家塾)彙纂麗史』(경상북도 유형문화재 제251호) 목판을 보관해 오던 석조 장판각藏板閣은, 목판의 영구 보전과 학술적 활용 및 한국국학진흥원이 추진하는 유네스코 세계기록문화유산 등재의 뜻에 동의하여 2011년 12월 20일 전량을 한국국학진흥원에 기탁함에 따라 헐게 되고 그 자리에 표석을 세웠다.

2011년부터 2014년까지 총 12억여 원의 공사비가 투입되어

양산서원 복원 사업과 척서정 개보수 및 주변정비 사업이 추진되
었으며, 사업의 총괄시행은 한국농어촌공사 군위·의성지사가
맡고, 총괄감독은 군위군이 맡았다.

2015년 4월 일
한밤마을 운영위원장 홍대일